ROXIE NAFOUSI

MANIFESTIERE!
DAS NÄCHSTE LEVEL

ROXIE NAFOUSI

MANIFESTIERE!
DAS NÄCHSTE LEVEL

NOCH MEHR POWER FÜR DEINE WÜNSCHE

Aus dem amerikanischen Englisch übersetzt von Sabine Zürn

INTEGRAL

Die Originalausgabe erschien 2023 unter dem Titel »Manifest: Dive Deeper« bei Michael Joseph, einem Imprint von Penguin Books. Penguin Books ist Teil der Verlagsgruppe Penguin Random House.

MIX
Papier | Fördert gute Waldnutzung
FSC® C014496

Penguin Random House Verlagsgruppe FSC® N001967

Erste Auflage 2024

Redaktion: Diane Zilliges
Umschlaggestaltung: Guter Punkt GmbH & Co. KG
in Anlehnung an das Originalcover
Satz: satz-bau Leingärtner, Nabburg
Druck und Bindung: GGP Media GmbH, Pößneck
ISBN: 978-3-7787-9330-5

www.Integral-Lotos-Ansata.de

Für Wade

Danke für alles, was du mir mit auf den Weg gegeben hast,
für deine bedingungslose Liebe, für deine Unterstützung
meiner Manifestationsreise und dafür,
dass du unserem wundervollen kleinen Jungen
der beste Vater der Welt bist.

INHALT

EINFÜHRUNG

Wie jedes Jahr habe ich auch vor dem Jahreswechsel 2021/2022 mein Vision Board für das neue Jahr erstellt. Zur Einstimmung zündete ich meine Lieblingskerzen an, legte mich auf meine Yogamatte und versank bei einer geführten Visualisierungsmeditation in einen Zustand tiefer Entspannung. Dann nahm ich ein großes Blatt Papier und schrieb all meine Ziele für das neue Jahr detailliert auf. Ich hatte große Träume. In sechs Tagen sollte die englische Originalausgabe meines ersten Buches mit dem Titel *Manifestiere! Die sieben Schritte, um deine Träume wahr werden zu lassen* erscheinen, und natürlich machte ich mir Gedanken darüber, wie es wohl ankommen würde. (Es wäre gelogen, zu behaupten, dass ich nicht mit dem Hochstapler-Syndrom zu kämpfen hatte – aber dazu später mehr.) Aber ich folgte meinem eigenen Rat und achtete darauf, dass meine Ängste und Zweifel nicht beeinflussten, was ich auf mein Vision Board schreiben wollte. Unter die Überschrift »Manifestiere!« schrieb ich: »Sunday-Times-Bestseller, USA, Vogue, mehrere Sprachen.«

Neun Tage später landete *Manifestiere!* auf Platz fünf der *Sunday-Times*-Bestsellerliste (während ich dies schreibe, steht es bereits seit sechzehn Wochen auf der Liste), einen Monat später vereinbarte ich mit dem amerikanischen Verlag Chronicle Prism die Veröffentlichung der US-Ausgabe im Herbst 2022, und kurz darauf widmete die britische Vogue dem Buch einen ganzen Artikel und bezeichnete es als »die Antwort des Jahres 2022 auf *The Secret*«. Oh, und *Manifestiere!* wurde in siebzehn Sprachen übersetzt, Tendenz steigend!

Kannst du dir denken, was mein jüngeres Ich von all dem gehalten hätte? Ich denke oft über diese Frage nach und über die Person, die ich vor knapp vier Jahren war: eine extrem orientierungslose junge Frau, die mit ihren Süchten kämpfte, ohne Selbstwertgefühl, ohne berufliche Perspektive und ohne einen blassen Schimmer, was es heißt, glücklich zu sein. Was würde ich ihr wohl sagen? Vielleicht: **Das Leben ist wunderbar, und du hast es in der Hand, es in diesem Sinne zu gestalten.**

Es fällt mir schwer, zu beschreiben, wie ich mich in den letzten Monaten gefühlt habe. Es war, als wäre ich in einen magischen Strudel geraten, der durch das Manifestieren ausgelöst wurde, und die Reaktionen auf mein kleines orangefarbenes Buch und die Resonanz darauf waren einfach überwältigend. Manifestation bedeutet mir alles und sie hat mein Leben von Grund auf erneuert. Ich lebe und atme die sieben Schritte, die ich an andere weitergebe, weil ich zutiefst davon überzeugt bin, dass sie die Kraft haben, das Leben jedes Menschen zu verändern, der sie praktiziert. Ich fühle mich geehrt, und es erfüllt mich mit Demut und Dankbarkeit, dass ich das, was ich gelernt habe, mit so vielen von euch teilen durfte.

Mein erstes Buch ist eine Einführung in den ganz besonderen Sieben-Schritte-Leitfaden zur Manifestation. In diesem Buch tauchst du **noch tiefer** in das Thema der inneren Heilung ein. Sie ist notwendig, um dein unermessliches Potenzial voll zu entfalten. Außerdem stelle ich dir neue Ideen und Konzepte vor, um die Methode besser zu verstehen, und beantworte einige der Fragen, die mir am häufigsten gestellt werden, wie zum Beispiel: Warum soll ich mein Vision Board wegräumen? Wie schaffe ich es, mir weniger Gedanken darüber zu machen, was andere von mir denken? Muss ich immer positiv denken, um meine Wünsche zu manifestieren? Wie erkenne ich, ob das Universum mich auf die Probe stellt oder mir ein Zeichen gibt, etwas in meinem Leben zu verändern?

Das Besondere an diesem Buch sind jedoch die vielen praktischen Übungen, um deine Selbstreflexion, Selbstwahrnehmung und Klarheit zu fördern, die du brauchst, um deine Manifestationspraxis zu unterstützen und zu vertiefen. Ich empfehle dir, das Buch Schritt für Schritt durchzuarbeiten und dir für jede Übung genügend Zeit und Raum zu nehmen, um ihre Wirkung zu erfahren. Am Ende des Buches wirst du dich selbst besser verstehen und wissen, was du wirklich vom Leben willst. Und du wirst Teile von dir geheilt haben, von denen du gar nicht wusstest, dass sie Heilung brauchen. Du wirst dein Leben authentischer gestalten, kraftvoll und mühelos manifestieren und wissen, was du tun musst, um ein Leben zu führen, das dir endlich die Zufriedenheit und die Fülle bringt, die du verdienst.

Obwohl ich die Autorin von *Manifestiere!* bin und mein Name auch auf dem Cover des vorliegenden Buches steht, schreibst du deine eigene Geschichte, indem du tiefer in meine sieben Schritte zur Manifestation eintauchst und die Übungen durchführst. Du wirst lernen, deine eigene Heilerin, dein eigener Guru zu sein und deine Lebensgeschichte selbst zu schreiben. Gibt es etwas Stärkeres als das?

WICHTIGE BEGRIFFE DES MANIFESTIERENS

Das Universum

Wenn ich in diesem Buch vom »Universum« spreche, dann meine ich eine energetische Kraft, die stärker ist als wir. Für mich liegt im Universum die Kraft und die Magie des Manifestierens. Es ist viel größer als unsere bewusste Wahrnehmung. Wenn du diese Energie anders bezeichnest, dann ersetze bitte den Begriff »Universum« durch dein eigenes Wort.

Hoch schwingend

Abkürzung für die hohe Schwingungsfrequenz. Die Quantenphysik lehrt uns, dass Gleiches Gleiches anzieht. Die hoch schwingende Frequenz, die wir aussenden, ziehen wir auch an.

Niedrig schwingend
Abkürzung für die niedrige Schwingungsfrequenz. Die niedrig schwingende Frequenz, die wir aussenden, ziehen wir auch an.

Überflusshaltung
Beruht auf dem Vertrauen, dass mehr als genug für alle da ist. Mit dieser Haltung ziehen wir Fülle an.

Mangelhaltung
Beruht auf der Vorstellung, dass es nicht genug für alle gibt. Das ständige Gefühl des Mangels hindert uns daran, Fülle anzuziehen.

SCHRITT 1

ENTWICKLE EINE KLARE VISION

»Alles, was du dir vorstellen kannst, ist real.«

PABLO PICASSO

ÜBERBLICK

- Du kannst dein Ziel nicht erreichen, wenn du nicht weißt, wohin du gehen willst. Deshalb musst du zuerst entscheiden, was du wirklich willst.
- Mach dir klar, was du manifestieren willst. Eine vage Vorstellung reicht nicht aus. **Je genauer und detaillierter, desto besser!**
- Wenn du nicht genau weißt, was du willst, kannst du dir einfach vorstellen, wie sich dein Leben *anfühlen* soll. Du kannst auch ein Gefühl manifestieren.
- Visualisierung (sich eine imaginierte Vision der Zukunft vorstellen) ist eine kraftvolle Manifestationsmethode, um Ziele leichter zu erreichen. Es ist neurowissenschaftlich erwiesen, dass das regelmäßige Visualisieren unserer Ziele dem Unterbewusstsein hilft, uns in Richtung dieser Ziele zu lenken, indem es unerwünschte Informationen, die nicht dazu passen, ausfiltert und neue Möglichkeiten wahrnimmt, die mit unseren Wünschen übereinstimmen.
- Bei der Visualisierung deiner Wünsche geht es darum, *zu spüren,* dass du das, was du willst, bereits hast. Wenn du zum Beispiel dein Traumhaus manifestieren möchtest, visualisiere alle Details des Hauses und stell dir dann

vor, wie es sich anfühlt, durch die Haustür zu gehen. **Wir ziehen das an, was wir fühlen**.

- Die wichtigste Frage auf deiner Manifestationsreise lautet: **Wer will ich werden?** Stell dir die beste und kraftvollste Version deines zukünftigen Selbst vor. Mach dir bewusst, dass diese Version bereits verborgen in dir existiert und nur darauf wartet, zum Leben erweckt zu werden. Folge meinem Sieben-Schritte-Leitfaden, um die Kraft der Manifestation freizusetzen.
- Ein Vision Board ist die visuelle Darstellung deiner Wünsche und Pläne. Ich empfehle es dir als ersten Schritt im Manifestationsprozess.
- Träume groß und lass alles geschehen.

Der Gedanke an die Zukunft kann einschüchternd und aufregend, beängstigend und beglückend zugleich sein. Vielleicht siehst du wie in einem Kopfkino sofort fantastische Bilder vor dir, wie du in einem Jahr oder in fünf Jahren leben wirst, oder du hast das Gefühl, in einen schwarzen Abgrund der Leere zu blicken. Mit unserer Zukunft sind unzählige Chancen und Entfaltungsmöglichkeiten verbunden. Der Gedanke daran kann aber auch Ängste, Sorgen und Befürchtungen auslösen. Deine innere Stimme fragt zum Beispiel ängstlich: **Was soll ich tun, wenn alles anders kommt, als ich es mir wünsche? Was ist, wenn ich versage?** Oder gar: **Warum kann ich nicht wirklich sagen, was ich mir wünsche?**

Ich bitte dich, bei den Übungen in diesem Buch alle Ängste, Sorgen und Befürchtungen loszulassen. Leg sie einfach beiseite. Und dann begleite mich, um mit deinem geistigen Auge (deiner Vorstellungskraft) einen Blick in die Zukunft zu werfen und deine Angst durch Begeisterung zu ersetzen.

Doch bevor wir beginnen, solltest du dir über eines im Klaren sein: **Beim Manifestieren geht es nicht nur darum, »Dinge« in unser Leben zu ziehen, oder darum, wie wir unser Leben nach außen hin darstellen wollen. Nein, viel wichtiger ist es, ein Leben zu manifestieren, das uns Erfüllung und Zufriedenheit schenkt und uns mit Freude, Begeisterung und Liebe erfüllt. Dazu musst du wissen, was diese Gefühle in dir auslöst.**

Neulich fragte mich eine Workshop-Teilnehmerin: »Wie kann ich eigentlich herausfinden, was ich will? Oft kann ich nicht unterscheiden zwischen dem, was ich wirklich will, und dem, was ich mir einrede.« Das kann ich gut verstehen. Wir glauben sehr schnell, dass sich alle immer das Gleiche wünschen. Wir fühlen uns unter Druck gesetzt, zu sagen oder zu fühlen, dass wir heiraten, Kinder haben oder für immer mit ein und derselben Person glücklich sein wollen oder dass wir einen tollen Job brauchen, der uns zwar stresst, aber mit einem sechsstelligen Jahresgehalt oder einem Firmenwagen verbunden ist.

Die Wahrheit ist, dass diese Wünsche nicht auf alle Menschen gleichermaßen zutreffen, und das ist auch gar nicht notwendig. Ist es nicht längst an der Zeit, dass wir selbst herausfinden dürfen, was wir wirklich wollen, anstatt es uns von der Gesellschaft diktieren zu lassen? Ist es nicht an der Zeit, dass wir uns gegenseitig die Erlaubnis dazu geben? Es ist in Ordnung, wenn wir keine Kinder haben wollen. Es ist in Ordnung, im Zeitalter der Selbstständigkeit kein eigenes Unternehmen zu gründen. Es ist in Ordnung, keine Lust auf eine schicke Berufsbezeichnung zu haben. Es ist in Ordnung, sich nach nichts mehr zu sehnen als nach Einfachheit. Es ist in Ordnung, lieber einen Schritt nach dem anderen zu machen, als durchs Leben zu hetzen. Damit will ich sagen, dass es in Ordnung ist, das zu wollen, was *du* wirklich willst, und dass das nicht weniger wichtig, aufregend, wertvoll oder inspirierend ist, nur weil es sich von dem unterscheidet, was andere wollen oder was du dir vielleicht früher mal gewünscht hast.

> SCHEU DICH NICHT, DEINE EINZIGARTIGKEIT ZU ZEIGEN UND DEIN LEBEN SO ZU GESTALTEN, WIE DU ES FÜR RICHTIG HÄLTST.

Damit die Kursteilnehmerin erkennen konnte, was sie wirklich und authentisch wollte, fragte ich sie: »Wann warst du wirklich zufrieden, erfüllt und innerlich ganz ruhig? Was hast du in diesem Moment getan? Wer war bei dir? Was ist in dieser Zeit sonst noch in deinem Leben passiert?« Mithilfe der Antworten auf solche Fragen wirst auch du nach und nach herausfinden, was dich am glücklichsten macht. Nutze diese Erinnerungen als Wegweiser. So kannst du mehr von dem, was dich glücklich macht, in dein Leben integrieren und manifestieren.

Übung

Bitte beantworte die folgenden Fragen und schreib dir die Antworten auf.

Beschreibe, wann du zufrieden, erfüllt und innerlich ruhig warst. Was hast du gemacht, wer war bei dir?

Beantworte ausgehend von deiner Antwort die beiden folgenden Fragen:

1. Welche Informationen liefert dir diese Erinnerung über das, was du manifestieren willst?

....

....

....

....

....

....

....

2. Was hindert dich daran, öfter Zufriedenheit, Erfüllung und Freude zu erleben?

....

....

....

....

....

....

....

....

....

....

....

Ich liebe diese Übung und mache sie oft. Gerade in der Hektik des Lebens ist es mir sehr wichtig, darüber nachzudenken, was mich wirklich glücklich macht. Es erinnert mich daran, mir mehr Zeit für die einfachen Dinge zu nehmen und nicht länger den Dingen hinterherzujagen, von denen ich glaube, dass ich sie brauche, oder die ich früher mal haben wollte. So lebe ich mehr im Einklang mit dem, was mich wirklich ausmacht. Und indem ich erkenne, was mich im Moment daran hindert, diese Gefühle öfter zu erleben, wird mir beü wusst, was ich verändern oder vielleicht auch loslassen möchte.

WAS MÖCHTEST DU FÜHLEN?

Falls es dir schwerfällt, deine Wünsche zu erkennen, dann versuche, herauszufinden, wie sich dein Leben anfühlen soll. Vergiss nicht, dass du auch ein Gefühl manifestieren kannst. Die nächste Übung soll klären, wie du dich fühlen möchtest. Um dies zu erleichtern, teilen wir das Leben in der folgenden Übersicht in vier Hauptbereiche ein:

1. Liebe & Beziehungen
2. Karriere & Beruf
3. Zuhause & Alltag
4. Erlebnisse & Freizeit

Übung

Ordne jedem Bereich Wörter oder Sätze zu, die beschreiben, wie du dich am liebsten fühlen möchtest, zum Beispiel: glücks lich, friedlich, sicher, angenehm, zuversichtlich, ermächtigt, respektiert, geschätzt, aufgeregt, inspiriert, organisiert, herausgefordert, angeregt …

LIEBE & BEZIEHUNGEN	ZUHAUSE & ALLTAG
KARRIERE & BERUF	ERLEBNISSE & FREIZEIT

Deine Antworten können dir Hinweise darauf geben, was du konkret manifestieren kannst, um diese Gefühle zu verstärken. Wünschst du dir zum Beispiel mehr Ruhe in deinem Privatleben, kannst du überlegen, wie dein Umfeld aussehen soll. Wünschst du dir mehr Herausforderungen und Impulse im Beruf, kannst du überprüfen, ob dir dein jetziger Job das bieten kann oder ob eine andere Tätigkeit diesen Gefühlen eher entspricht. Mithilfe dieser Übung kannst du dir Klarheit darüber verschaffen, wie du dich in den verschiedenen Lebensbereichen fühlen möchtest, und auf dieser Basis erkennen, was du in deinem Leben manifestieren willst. Ausgehend von dieser Übung empfehle ich dir, **dein Vision Board zu erstellen.**

DEIN VISION BOARD

Ein Vision Board ist die visuelle Darstellung deiner Vorstellung vom Leben. Meiner Meinung nach gehört es unbedingt zu Schritt eins. Mithilfe eines Vision Boards erschaffst du ein Bild von deinem Leben und wirst dir bewusst, welche Träume, Hoffnungen und Wünsche du manifestieren möchtest und wann sie in dein Leben kommen sollen.

In meinem Buch *Manifestiere!* habe ich eine Anleitung für ein Vision Board vorgestellt. Im Folgenden findest du die einzelnen Schritte, falls du ein neues Vision Board erstellen möchtest. Ich bitte dich darum, wirklich alles aufzuschreiben, was du für dein Leben manifestieren möchtest. Achte auch auf Ängste und Zweifel, die dir im Weg stehen könnten. Stell dir jedes Mal, wenn du etwas auf dein Vision Board schreiben willst, diese drei Fragen:

1. Kann ich noch größer träumen?
2. Erfüllt mich das wirklich, und nährt es die Gefühle, die ich spüren möchte?
3. Entspricht das wirklich meinen wahren Wünschen, Träumen und Bedürfnissen?

Vielleicht hast du bereits ein Vision Board erstellt, aber es entspricht nicht genau deinen tiefsten und wildesten Träumen – dann hast du jetzt die Möglichkeit, ein neues zu gestalten.

DEIN VISION BOARD GESTALTEN

1. Schaff eine angenehme Atmosphäre

Mit Kerzen und Entspannungsmusik sorgst du für eine ruhige und meditative Stimmung. Mach die Gestaltung deines Vision Boards zu einem besonderen Moment, dem du dich voll und ganz widmest und den du genießt.

2. Wähl dein Material aus

Nimm dir einen großen Karton oder ein DIN-A2-Blatt und überlege, ob du deine Ziele mit verschiedenen farbigen Stiften aufschreiben (in Form einer Liste oder einer detaillierten Beschreibung) oder lieber mit Bildern arbeiten willst (zeichne sie selbst oder schneide aus Zeitschriften und Zeitungen Fotos und Wörter aus, die ausdrücken, was du in dein Leben ziehen möchtest.)

Was immer dir am besten gefällt – Hauptsache, du hast Spaß dabei.

3. Bestimme die Timeline

Schreib ganz oben auf den Karton oder das Papier das genaue Datum, bis zu dem du deine Ziele auf dem Vision Board erreicht haben willst. Du kannst einen Zeitraum von sechs Monaten, einem Jahr oder sogar fünf Jahren wählen. Ich pere sönlich mag alle drei Varianten.

Manche Menschen haben Schwierigkeiten, sich vorzustellen, wie ihr Leben in einem Jahr aussehen soll, und es fällt ihnen leichter, ihr Leben in fünf Jahren zu visualisieren. Oder umgekehrt. Solltest du dich zu sehr eingeengt fühlen, kannst du jederzeit einen anderen Zeitrahmen wählen.

4. Komm ins Fühlen

Vor der Arbeit an deinem Board solltest du das Gefühl für dein zukünftiges Ich bereits verinnerlicht haben. Halte einen Moment inne, atme ein paar Mal tief durch und stell dir vor, wie du in sechs Monaten, in einem Jahr oder in fünf Jahren sein wirst. Lass ein klares und lebendiges Bild in deinem Kopf entstehen, während du dir die folgenden Fragen stellst:

- Wie fühle ich mich im Kontakt mit mir selbst?
- Welche Art von Beziehungen habe ich?
- Wie sieht mein Zuhause aus?
- Was ist mein Beruf?
- Worauf bin ich besonders stolz?
- Was möchte ich in meinem Leben verändern?
- Was möchte ich beibehalten?

Erlaube dir, bei der Beantwortung dieser Fragen deinen Träumen, Wünschen und Sehnsüchten vollkommen freien Lauf zu lassen.

Deine Vorstellungskraft sollte nicht durch Ängste eingeschränkt werden. Versetze dich in Gedanken genau dorthin, wo du sein möchtest. Erlaube dem Bild deines zukünftigen Selbst, lebendig zu werden, während du dich in die Visualisierung vertiefst.

5. Unterteile dein Leben in Kategorien

Dieser Schritt ist dir freigestellt. Ich mag ihn, denn er hilft mir bei der Klärung der Frage, was ich mir in allen Bereichen meines Lebens wünsche, anstatt dass ich mich nur auf einen Aspekt fokussiere. Also, wenn du magst, teile dein Vision Board in sechs Kategorien ein:

- Persönliche Entwicklung (dein persönliches Wachstum und wie du dich mit dir selbst fühlen möchtest)
- Liebe und Partnerschaft
- Beruf
- Freunde und Familie
- Haus oder Wohnung
- Hobbys und Freizeit

6. Gestalte dein Leben

Trag in jede Kategorie ein, was du jeweils manifestieren möchtest. Klebe Bilder auf dein Vision Board, zum Beispiel von deinem Traumhaus. Versuche, mindestens drei Dinge in jede Kategorie einzubringen, aber es gibt kein Limit.

7. Leg dein Vision Board beiseite

Nachdem du das Vision Board gestaltet hast, legst du es zur Seite und holst es erst an dem Tag wieder hervor, den du festgelegt und auf dem Board notiert hast.

WARUM DU DEIN VISION BOARD WEGLEGEN SOLLTEST

Dieser Punkt ist Anlass für viele Rückfragen, und das hängt wahrscheinlich damit zusammen, dass andere Expertinnen und Experten auf diesem Gebiet vorschlagen, das persönliche Vision Board so aufzuhängen, dass man es jeden Tag sehen kann. Ich verstehe, dass die widersprüchlichen Hinweise verwirrend sein können.

Es gibt sicherlich gute Argumente für beide Wege, und ich möchte nicht behaupten, dass mein Weg der einzig richtige ist. Ich möchte dir meine Gründe erläutern, aber natürlich entscheidest du selbst, was für dich am besten ist.

Warum ich dir empfehle, dein Vision Board wegzulegen: Um etwas zu manifestieren, musst du dir zuerst bewusst werden, was du wirklich willst. Du musst dir über deine Vision im Klaren sein und dich dann dem Weg anvertrauen, der dich dorthin führt.

Im Kapitel »Schritt 7: Vertrau dem Universum« geht es um das »wissende Fühlen«. Damit meine ich die Überzeugung, dass genau das geschehen *wird,* was geschehen soll, auch wenn du nicht weißt, *wie*. Diese hoch schwingende Zuversicht und Gewissheit lässt keinen Raum für Ängste und Zweifel. Versuch nicht, etwas zu erzwingen, denn das geht mit der niedrig schwingenden Energie der Verzweiflung und des Misstrauens einher. Nein, bleib lieber bei deiner täglichen Praxis (du kannst zum Beispiel die anderen Schritte machen und deine innere Heilungsreise beginnen, um Ängste und

Zweifel hinter dir zu lassen, um dein Verhalten neu auszurichten oder um die Prüfungen des Universums zu meistern) und vertrau unerschütterlich darauf, dass das eintreffen *wird*, was du dir wünschst.

Für mich hat das physische Weglegen des Vision Boards symbolischen Charakter: Das Vision Board enthält alle deine tiefsten Wünsche, und indem du es weglegst, gibst du dich ganz deiner Manifestationsreise hin. Meiner Meinung nach birgt der ständige Blick auf das Vision Board die Gefahr, sich vom **Optimalpunkt des Manifestierens** zu entfernen (darauf gehe ich im Kapitel »Schritt 5: Sei dankbar (ohne Vorbehalte)« näher ein). **An diesem Punkt weißt du, was du willst, und bist gleichzeitig und von ganzem Herzen dankbar für alles, was du bereits hast.** Aber es ist unmöglich, so präsent, aufmerksam und dankbar für alles zu sein, was du bereits jetzt hast, wenn du dich jeden Tag auf deine zukünftigen Ziele konzentrierst und dich fragst, wie und wann du sie wohl erreichen wirst.

Ein weiterer Grund, warum ich dir empfehle, dein Vision Board wegzulegen: Dein Board sollte eine heilige, ehrliche und sensible Darstellung all der Dinge sein, die du für dein Leben manifestieren willst. Schreib detailliert auf, wie dein Leben aussehen und sich anfühlen soll, und erlaube dir, ganz ehrlich zu dir selbst zu sein, was deine geheimsten Wünsche betrifft. Ich frage mich, ob du wirklich all deine ganz persönlichen Wunschträume aufschreiben würdest, wenn dein Vision Board auch für andere zugänglich wäre, zum Beispiel als Bildschirmschoner auf dem Handy oder als Bild an der Wand. Vielleicht fehlt dir dann der Mut, oder du bist nicht ganz ehrlich, was du alles manifestieren willst, weil du dich unbewusst einschränkst für den Fall, dass jemand dein Vision Board sieht.

Deshalb möchte ich dir Folgendes vorschlagen: Schreib wirklich alles auf dein Vision Board, was du manifestieren möchtest, in allen Details und in allen Farben. Erlaube dir, groß zu träumen. Schreib offen und sensibel auf, was du in dein Leben ziehen willst, und sei dabei ganz authentisch. **Wenn du fertig bist, verwahrst du dein Vision Board an einem sicheren Ort.** Wenn du ein Bild davon als Inspirationsquelle haben möchtest – an der Wand oder als Bildschirmschoner – **dann erstelle ein Mood Board.** Ein Mood Board besteht ebenfalls aus Bildern oder Wörtern, die ausdrücken, wie sich dein Leben anfühlen soll und was du manifestieren willst, es enthält aber keine spezifischen Details.

FAQ

Q: Soll ich ein realistisches Vision Board erstellen oder wirklich alles aufschreiben, was ich manifestieren will?
A: NEIN! In dem Moment, in dem wir »realistisch« sind, lassen wir uns von unseren Ängsten und Zweifeln beeinflussen. Das Kapitel »Schritt 2: Lass Ängste und Zweifel hinter dir« ist ein zentraler Baustein in diesem Prozess, auch in Bezug auf das Vision Board. Mach dir bewusst, welches Leben du dir wirklich wünschst, und arbeite nicht an dem Leben, von dem du glaubst, dass du es verwirklichen kannst.

Beim Vision Board geht es nicht um Dinge, die du mit Sicherheit erreichen kannst, sondern darum, die Grenzen deines Verstandes und damit die Grenzen deiner Realität zu erweitern.

DEIN PERFEKTER TAG

Neben dem Vision Board gehört auch die Methode des Visualisierens zu den ersten sieben Schritten des Manifestierens. Wenn du eine Visualisierungsmeditation nutzt, um zu fühlen, was du dir wünschst, erhöhst du deine Schwingungsfrequenz und beeinflusst damit, was du in dein Leben ziehst. Vom Bestsellerautor und Erfolgs-Coach Bob Proctor hört man oft den wunderbaren Satz: **»If you can see it in your mind, you can hold it in your hand.«** (»Wenn du es in deinen Gedanken sehen kannst, kannst du es auch in deiner Hand halten.«)

An diesen Satz denke ich vor jeder Visualisierung. Jeden Abend mache ich eine Visualisierungsmeditation. Dieses Ritual hilft mir auf meiner Reise und ist zu einer täglichen Routine geworden. Entweder folge ich einer geführten Meditation, oder ich versenke mich in einen entspannten Zustand und konzentriere mich auf das Heben und Senken meines Bauches beim Ein- und Ausatmen. Dann richte ich meine Gedanken auf meine Zukunft und stelle mir in allen Einzelheiten vor, was ich manifestieren möchte. So entsteht in mir das Gefühl, das Gewünschte bereits zu haben. Um zum Beispiel mein Ziel zu manifestieren, Bestsellerautorin der Sunday Times zu werden, habe ich mir vorgestellt, wie ich die Zeitung aufschlage und meinen Namen auf der Bestsellerliste lese und wie sich das *anfühlen* würde. Und dann tauchte ich mit meinem ganzen Wesen tief in das Hochgefühl von Freude, Stolz und Euphorie ein.

Wie du wahrscheinlich auch schon beim Visualisieren erlebt hast, fällt es mir manchmal schwer, eine klare Vorstellung davon zu bekommen, was ich als Nächstes manifestieren möchte. Das kann daran liegen, dass ich mich an diesem Tag nicht besonders inspiriert fühle oder dass ich mit dem, was ich bereits habe, vollkommen zufrieden bin und keine Lust habe, mir neue Ziele zu setzen (schließlich geht es beim Manifestieren darum, die wirklich beste Version deines Lebens zu entfalten, und nicht darum, immer mehr haben zu wollen).

Deshalb suchte ich nach einem anderen Weg, um mich in ein hoch schwingendes Gefühl für die Zukunft zu versetzen, ohne dabei ständig ein neues Ziel visualisieren zu müssen. Ich entwickelte eine etwas andere Methode: Ich nutzte meine Meditation, um mir *meinen perfekten Tag* vorzustellen und ihn in meiner Vorstellung durchzuspielen. Ich stellte mir einen Tag in der Zukunft vor, vielleicht in einem Monat oder in einem Jahr, und visualisierte alles, was ich dann tun würde, vom Aufwachen bis zum Schlafengehen. Vor der Meditation legte ich den Ort und die Jahreszeit fest und welche Menschen ich um mich haben würde und ging den Tag dann so detailliert wie möglich durch.

Mein perfekter Tag sieht bei fast jeder Visualisierung anders aus, aber ich stelle mir einfach vor, welche einfachen Freuden ich mir gönne und wie mich Gefühle der Zufriedenheit, des Glücks und der Dankbarkeit durchströmen. Manchmal stelle ich mir vor, im Urlaub zu sein, oder ich visualisiere einen inspirierenden und aufregenden Arbeitstag oder einfach einen Tag mit meinem Sohn Wolfe voller Spielen, Kuscheln und Lachen. Du kannst deinen perfekten Tag in verschiedenen Varianten visualisieren oder immer wieder die gleiche Version durchgehen. Ich bitte dich nur, nicht an einen perfekten Tag zu denken, den du bereits erlebt hast – dieser Tag sollte in der Zukunft liegen.

> Wenn du diese Methode ausprobieren möchtest, findest du auf meiner Website neben vielen anderen Meditationen und Affirmationen auch eine Perfect-Day-Meditation (www.roxienafousi.com).

MEIN PERFEKTER TAG

Übung

Ich arbeite bei dieser Übung sehr gern mit meinem Journal, deshalb bitte ich dich, hier eine detaillierte Beschreibung deines perfekten Tages aufzuschreiben. Wie bei der Meditation lässt du dich von dem Moment an, in dem du aufwachst, durch deinen perfekten Tag führen und schreibst den Text in Form eines Tagebucheintrags auf, als ob er bereits stattgefunden hätte. Du könntest zum Beispiel so beginnen: »Liebes Tagebuch, heute war einfach der perfekte Tag. Ich bin aufgewacht, und das Erste, was ich sah, war der strahlend blaue Himmel vor meinem Schlafzimmerfenster …« Beschreibe möglichst viele Einzelheiten, und denk daran, das Gefühl dieses Erlebnisses zu verinnerlichen, während du schreibst.

Wenn du weißt, wie sich dein Leben anfühlen soll und was du in dein Leben ziehen willst, beginnt deine Manifestationsreise. Führe täglich oder einmal wöchentlich Visualisierungsmeditationen durch. Träum groß und lass alles zu, wenn du dein Vision Board erstellst. Denk daran: Du schreibst deine eigene Geschichte. Freu dich, wenn du an deine Zukunft denkst, denn das Beste kommt erst noch.

SCHRITT 2

LASS ÄNGSTE UND ZWEIFEL HINTER DIR

»You have to let it all go … Fear, doubt and disbelief. Free your mind.«

(»Lass alles los … Ängste, Zweifel und Unglaube. Mach deinen Kopf frei.«)

MORPHEUS IM FILM *MATRIX*

ÜBERBLICK

- Du manifestierst nicht nur durch deine bewussten Gedanken, sondern auch durch deine unterbewussten Überzeugungen darüber, was du verdienst, und durch dein Selbstwertgefühl.
- Ängste und Zweifel sind Ausdruck eines geringen Selbstwertgefühls, von Unsicherheit, einschränkenden Glaubenssätzen, Konditionierungen und vergangenen Erfahrungen.
- Ängste und Zweifel sabotieren dich und deine Träume.
- Um dich von Ängsten und Zweifeln zu befreien, ist es notwendig, dich deiner inneren Arbeit und deiner Heilungsreise zu widmen. Deshalb ist Manifestieren eine aktive Form der transformierenden Persönlichkeitsentwicklung.
- Um die Ängste und Zweifel aufzulösen, die dich blockieren, musst du die innere Arbeit kontinuierlich fortsetzen. Dieser Prozess verläuft bei jedem Menschen anders.
- Am besten fängst du mit deinen bewussten Gedanken an, denn sie beeinflussen deine unterbewussten Überzeugungen.
- Dabei unterstützen dich die folgenden Methoden, die du täglich anwenden solltest: Kontrolliere regelmäßig deine

Gedanken, sprich Mantren, achte auf deine Sprache, verändere deine Perspektive und wende Visualisierungstechniken an.
- Du kannst nur dann manifestieren, wenn du davon überzeugt bist, dass du es wirklich verdienst.

Die wichtigste Botschaft, die ich in meinen Büchern vermitteln möchte, lautet: Wir können nur das manifestieren, was wir unterbewusst zu verdienen glauben. *Ängste und Zweifel* hindern uns daran, das zu bekommen, was wir uns am meisten wünschen. Um die Fülle des Universums anzuziehen, müssen wir diese Blockaden auflösen, damit sie keine Macht mehr über uns haben. Doch unsere Ängste und Zweifel haben sich über Jahre und Jahrzehnte aufgebaut und lassen sich nicht wie ein Turm aus Bauklötzen mit einem Schlag umstoßen. Vielmehr müssen wir behutsam, langsam und kontinuierlich eine Blockade nach der anderen abbauen, um uns von ihrer Last zu befreien.

Ich bin fest davon überzeugt, dass wir mit Selbstvertrauen und bedingungsloser Selbstliebe auf die Welt kommen. Aber dann werden wir dieser Eigenschaften beraubt. Das Leben geschieht einfach, und im Laufe der Zeit verlieren wir nach und nach diese mächtige und kraftvolle Energie, unser Selbstvertrauen wird unter Selbstzweifeln, einschränkenden Glaubenssätzen und dem Gefühl, nicht gut genug zu sein, begraben. Sich von Ängsten und Zweifeln zu befreien, bedeutet, sich auf die Reise zu sich selbst zu begeben.

In meinem ersten Buch, *Manifestiere!*, findest du einige Vorschläge, wie du diese Reise im Alltag beginnen kannst, zum Beispiel durch das Sprechen von Mantren, die Veränderung deiner Sprache und die Kontrolle deiner Gedanken. In diesem Buch möchte ich näher auf diese Techniken eingehen, die ich selbst als unglaublich wirksam erlebt habe, um Ängste und Zweifel abzubauen, und die mich auf meiner transformativen Heilungsreise begleitet haben.

HEILE DIE WUNDE, NICHT DAS SYMPTOM

Ich erinnere mich an einen SMS-Austausch mit meinem Exfreund. Wir stritten uns über etwas Unwichtiges und die Konversation wurde immer hitziger, bis sie schließlich irgendwann eskalierte, wie es ja oft der Fall ist. Er schrieb: »Ich kann das nicht mehr mitmachen.« Als ich das las, war mir, als würde mein Herz in tausend Stücke zerspringen. Für mich klang seine Nachricht so, als wolle er nicht mehr mit mir zusammen sein. Was er schrieb, triggerte mich und löste das Gefühl aus, zurückgewiesen und verlassen zu werden, und bestätigte meinen einschränkenden Glaubenssatz, nicht liebenswert zu sein. Ich antwortete ihm: »Gut, dann ist es wohl aus mit uns.« Er war, gelinde gesagt, völlig perplex, denn natürlich hatte er nur gemeint, dass er sich nicht mehr auf dieses Gespräch einlassen könne. Aber ich interpretierte das ganz anders. Die Ursache dafür lag in meinen Ängsten und Zweifeln, in früheren Erfahrungen und in unterbewussten Überzeugungen.

Mit anderen Worten: Meine gegenwärtige Realität wurde durch meine Vergangenheit eingeschränkt, begrenzt und kontrolliert.

Wenn alte Verletzungen nicht verheilt sind, besteht die Gefahr, dass wir von ihnen getriggert werden. Wie oft bist du auf unerklärliche Weise durch etwas verletzt worden, das sich im Nachhinein als Lappalie herausgestellt hat? Und wie oft hast du mit jemandem gesprochen und das Gefühl gehabt, dass dein Gegenüber dich völlig falsch versteht? **Das liegt an früheren Erfahrungen und an unseren Ängsten und Zweifeln, durch deren Filter wir die Gegenwart wahrnehmen und die unsere Sichtweise und die damit verbundene Interpretation prägen.**

Normalerweise versuchen wir, das Symptom zu heilen, wenn wir getriggert werden. So habe ich zum Beispiel nach dem Streit mit meinem Exfreund meine ganze Energie darauf verwendet, die Situation (also das Symptom) zu retten. Damals war ich in meiner Selbstentwicklung noch nicht weit genug, um zu erkennen, dass ich getriggert worden war. Ich versöhnte mich mit ihm, um »wie gewohnt« weitermachen zu können. Ich beschäftigte mich mit den Konsequenzen und nicht mit der Ursache meiner Reaktion (also der Verletzung).

Wie oft hast du das schon in einer Beziehung erlebt? Kannst du dich an eine Situation erinnern, in der du einfach nur die Wogen glätten wolltest und deshalb den Streit schnell unter den Teppich gekehrt hast, um weitere Probleme zu vermeiden, anstatt vorrangig den eigentlichen Grund für die Meinungsverschiedenheit oder den Streit anzusprechen? Habt ihr euch Wochen oder Monate später wieder über die gleiche Sache gestritten?

Heute weiß ich, dass ich mir die Zeit hätte nehmen sollen, meine Reaktion zu überdenken und einzusehen: »Okay, ich habe seine Aussage ganz anders interpretiert, als er sie gemeint hat, obwohl ich es besser wusste, weil er das schon oft gesagt hat.« Woher kam meine Interpretation also wirklich? Welche früheren Erfahrungen oder Verletzungen haben meine Reaktion ausgelöst? Darüber nachzudenken, hätte mir sicher dabei geholfen, etwas loszulassen, was mich unbewusst beeinflusst und meine Schwingung gesenkt hat. Dann hätte es sich wohl auch nicht wiederholt. Nur so können wir die Verantwortung für unsere eigenen Anteile in einer Beziehung übernehmen und das ist gleichzeitig der Schlüssel zu einer gesunden und tragfähigen Beziehung.

> UM NICHT LÄNGER VON UNSERER VERGANGENHEIT BESTIMMT UND KONTROLLIERT ZU WERDEN, MÜSSEN WIR DENK- UND VERHALTENSMUSTER DURCHBRECHEN, UNS UNSERER VERLETZUNGEN BEWUSST WERDEN UND SIE HEILEN, ANSTATT DIE SYMPTOME ZU BEHANDELN.

Auf meiner persönlichen Heilungsreise war die Erkenntnis, dass meine Reaktionen nichts mit der aktuellen Situation zu tun haben, sondern fast immer von meiner Vergangenheit beeinflusst werden, unglaublich tiefgreifend. Ich frage mich immer wieder: »Woher kommt das?«, um die Macht der Vergangenheit über mich loszulassen. Das ist die innere Arbeit, die es braucht, um wirklich erfolgreich manifestieren zu können. **Um die kraftvollste, selbstbewussteste und magnetischste Version von uns selbst zu entfalten, müssen wir uns von den Fesseln unserer Vergangenheit befreien, und dafür müssen wir heilen.**

> Ich finde, dass die Redewendung »der Tropfen, der das Fass zum Überlaufen bringt« das Thema Triggern sehr gut illustriert. Der Tropfen, der das Fass überlaufen lässt, steht für das letzte unangenehme oder unerwünschte Ereignis in einer ganzen Kette von Dingen, die man nicht länger ertragen kann. Dieses letzte bisschen lässt uns schließlich ausrasten. Trigger sind für mich der letzte Tropfen in einer Reihe von vergangenen unangenehmen Erlebnissen, die im Unterbewusstsein gespeichert sind und Reaktionen auslösen können, die in keinem Verhältnis zur Situation stehen.

Bevor wir uns dem nächsten Teil zuwenden, möchte ich darauf hinweisen, dass jeder Mensch im Laufe seines Lebens ganz unterschiedliche Verletzungen erfährt und dass das Ausmaß der Traumatisierung bei jedem anders ist. Deshalb ist der Weg der Heilung sehr individuell. Ich möchte nicht behaupten, dass die folgenden Übungen das Ein und Alles dieser Reise bilden, aber sie helfen dir zumindest dabei, den Prozess zu beginnen.

Ich erzähle hier, wie ich selbst mit Triggern umgegangen bin und wie ich meine eigenen Wunden geheilt habe, aber der Transparenz halber möchte ich auch erwähnen, dass ich zur Unterstützung dieser Arbeit eine Therapie gemacht habe. Wer das Gefühl hat, ein Trauma, Verletzungen oder frühere Erfahrungen nicht allein bewältigen zu können, sollte sich externe und professionelle Unterstützung holen – es gibt viele verschiedene Therapiemöglichkeiten.

BEWUSSTSEIN

> *»Emotion und Kognition, undefiniert und unerforscht, steuern jede deiner Entscheidungen. Entweder du entwickelst ein Bewusstsein für dich selbst oder diese Dinge kontrollieren dich.«*[1]
>
> BRENÉ BROWN

Der erste Schritt zur Heilung von Ängsten und Zweifeln, die unsere Fähigkeit zur Manifestation behindern, besteht darin, sich ihrer bewusst zu werden. Trigger sind ausgezeichnete Indikatoren dafür, dass etwas in dir ungelöst ist, und durch sie können wir erkennen, wo sich vielleicht Ängste und Zweifel verbergen. Ich lade dich ein, immer bewusster wahrzunehmen, wann dich etwas triggert, also immer, wenn du

1 Brown, Brené: »Striving versus Self-Acceptance, Saving Marriages, and More (#409)«, *The Tim Ferris Show*, Podcast (online), abgerufen am: 6. Februar 2020.

wütend, ärgerlich, frustriert, traurig oder ängstlich bist. Bitte halte einen Moment inne, wenn solche Gefühle auftauchen, und überleg dir, was sie ausgelöst hat. Frag dich dann, ob deine Reaktion auf den Reiz angemessen war (sei ganz ehrlich zu dir selbst) oder ob sie durch eine alte Verletzung ausgelöst wurde.

Stell dir vor, du hast eine E-Mail von deinem Chef erhalten, in der er konstruktive Kritik übt, aber du fühlst dich sofort in die Defensive gedrängt oder bist verärgert. Frag dich: Ist meine Reaktion auf den Inhalt der E-Mail wirklich gerechtfertigt? Oder interpretiere ich die Art der Ansprache oder die Intention dahinter aufgrund einer früheren Erfahrung, Überzeugung oder Angst falsch? Sollte deine erste Reaktion nicht gerechtfertigt sein, dann überlege, warum du so reagiert hast. Vielleicht hatte die E-Mail in dir das kindliche Gefühl ausgelöst, den Erwartungen deiner Eltern oder eines Lehrers nicht gerecht zu werden? Oder die Angst vor Ablehnung oder den unbewussten Glaubenssatz, dass du deinen Job nicht verdienst, wenn du nicht *perfekt* bist?

Die Wahrnehmung unserer Gefühle und damit auch unserer Trigger ist eine großartige Möglichkeit, um unseren Blick zu schärfen und zu erkennen, dass unser Narrativ, unsere Gedanken, Gefühle und Interpretationen nicht unbedingt mit dem übereinstimmen, was tatsächlich der Fall ist. Mithilfe dieses Bewusstseins kannst du dir die folgende wichtige Frage stellen: »Kann ich mir absolut sicher sein, dass meine negative Sicht auf das Thema den Tatsachen entspricht?« Das ist oft nicht der Fall. Wir wissen so wenig über die Intentionen, Gedanken und Gefühle anderer

Menschen, dass wir die Lücken ständig mit unseren eigenen konstruierten Geschichten und Annahmen füllen. Das kann uns helfen oder uns behindern – in diesem Fall sind unsere Selbstgespräche von Ängsten und Zweifeln bestimmt.

Ein anderes Beispiel: Angenommen, deine Freundin hat dich zu ihrem Geburtstag eingeladen. Bei dieser Feier fühlst du dich ein wenig fehl am Platz, weil du viele der Anwesenden nicht kennst. Du unterhältst dich mit einem der Gäste, dem dich die Gastgeberin vorgestellt hat. Nach ein paar Minuten sieht dein Gesprächspartner über deine Schulter, dass ein Freund den Raum betritt, entschuldigt sich und geht weg, um ihn zu begrüßen. Dein innerer Kritiker, deine Stimme der Angst und des Zweifels, bombardiert dich sofort mit Gedanken wie: »Alle finden mich langweilig. Es fällt mir schwer, Kontakte zu knüpfen. Ich hätte gar nicht erst kommen sollen.« Du bist sofort verunsichert, fühlst dich leer und unbeholfen. Der ganze Abend ist von diesen Gefühlen überschattet, was sich wiederum negativ auf deine Interaktionen mit den anderen Gästen auswirkt und dich dazu bringt, die Party irgendwann fluchtartig zu verlassen. Der Trigger war, dass jemand das Gespräch mit dir beendet hat, um seinen Freund zu begrüßen. Wenn du dir dessen bewusst bist, könntest du dich fragen: »Gibt es wirklich Beweise für meine Annahme, dass diese Person gegangen ist, weil ich langweilig bin oder mir der Umgang mit anderen schwerfällt?« Die Antwort lautet natürlich Nein. Du könntest überlegen, was dich zu dieser Interpretation geführt hat, und erkennen, dass diese Erfahrung deine altbekannten Selbstzweifel ausgelöst hat, die dich immer überkommen, wenn du neue Leute kennenlernst. Oder du erinnerst dich an konkrete Situationen, in denen du dich in einer fremden Umgebung nicht willkommen gefühlt hast. **An diesem Punkt könnte dein Heilungsprozess beginnen.**

> WAS AUCH IMMER DICH TRIGGERT: ERKENNE UND VERSTEHE, DASS DIE URSACHEN IN DEINEM JÜNGEREN SELBST UND IN FRÜHEREN ERFAHRUNGEN LIEGEN.

Vielleicht fragst du dich beim Lesen dieser Passage: »Wie heilen wir eigentlich?« Dazu ist zunächst zu sagen, dass der Heilungsprozess beginnt, sobald du dir eingestehen kannst, dass deine vergangenen Erfahrungen und Traumata deine Reaktionen, Wahrnehmungen und Erzählungen beeinflussen. Wenn wir vergangene Erfahrungen aus den dunklen Tiefen unseres Unterbewusstseins ans Licht holen, können sie uns nicht mehr so leicht unbewusst beeinflussen. Hilfreich sind auch verschiedene Methoden der Selbstentwicklung, die helfen, Erfahrungen zu verarbeiten und loszulassen. Die beiden folgenden Methoden wende ich an, wenn ich mich durch meine Vergangenheit getriggert fühle:

1. Tagebuch schreiben

Das ist eine unglaublich kraftvolle Methode der Selbstentwicklung, die sowohl deine persönliche Heilung als auch deine Manifestationsreise unterstützt. Durch das freie Schreiben können wir Gedanken, Gefühle und Emotionen klarer sehen, verarbeiten und verstehen. Schreiben hat etwas sehr Befreiendes an sich: Es fühlt sich an, als ob das Aufschreiben der Gedanken ihre Schwingung und die Macht, die sie haben, verändert und man sie loslässt.

Übung

Die folgende Übung für dein Tagebuch habe ich eigens entwickelt, damit du

- deine Trigger erkennen kannst,
- herausfindest, woher sie kommen,
- die Trigger als Lernmöglichkeit zu nutzen beginnst, indem du dir andere Reaktionsweisen überlegst.

Denk an ein Erlebnis, das bei dir niedrig schwingende Emotionen ausgelöst hat, zum Beispiel Traurigkeit, Angst, Groll oder Wut.

1. Beschreib den Trigger so genau wie möglich: Wie hast du dich dabei gefühlt und welche Emotionen hat er ausgelöst? Beispiel: Mein Partner machte eine Bemerkung, die mir das Gefühl gab, zurückgewiesen zu werden, und ich war traurig, verletzt und wütend.

....

....

....

………………………………………………………………

………………………………………………………………

………………………………………………………………

………………………………………………………………

………………………………………………………………

………………………………………………………………

2. Beschreib einige andere Erinnerungen oder Erlebnisse, die die gleichen Gefühle in dir ausgelöst haben.

………………………………………………………………

………………………………………………………………

………………………………………………………………

………………………………………………………………

………………………………………………………………

………………………………………………………………

………………………………………………………………

………………………………………………………………

………………………………………………………………

3. Schreib auf, wie du den ersten Trigger anders und selbstbewusster hättest verstehen oder darauf hättest reagieren können.

………………………………………………………………

………………………………………………………………

………………………………………………………………

………………………………………………………………

………………………………………………………………

………………………………………………………………

....

....

....

Du kannst diese Übung jederzeit in einem anderen Journal oder Notizbuch machen, um die Ursachen deiner Trigger zu erforschen und deine Verletzungen zu heilen.

Es kann sein, dass du dich auf deiner Heilungsreise an Dinge erinnerst, die du vergessen hattest, oder dass du Flashbacks erlebst – manche sind wichtig, andere scheinbar zufällig. Das ist normal und hängt damit zusammen, dass dein Unterbewusstsein mehr Erinnerungen in dein Bewusstsein hebt, wenn du damit anfängst, deine Vergangenheit zu verarbeiten. Für mich ist das etwas Positives, denn diese Erinnerungen tauchen wieder auf, um gesehen, geheilt und losgelassen zu werden. Ignoriere sie nicht, sondern schau hin, was sie zeigen oder mitteilen wollen. Ein Tagebuch ist der richtige Ort, um das herauszufinden. Bei der Beschreibung einer Erinnerung solltest du die folgenden Punkte berücksichtigen:

a. **Wie hast du dich damals gefühlt?**
b. **Wie war dein übriges Leben in dieser Zeit?**
c. **Welche Auswirkungen hatte dieses Ereignis auf deinen emotionalen Zustand, auf dein Selbstwertgefühl oder auf deine Glaubenssätze?**

Vielleicht hast du beim Schreiben einen Aha-Moment, weil du plötzlich erkennst, wie dieses Erlebnis oder diese Phase deines Lebens dich seither beeinflusst hat. Vielleicht erkennst du aber auch bestimmte Muster in deinen Beziehungen oder in deinem eigenen Verhalten.

2. Meditation des inneren Kindes

Durch diese Meditationsmethode konnte ich eine kosmische Veränderung in meinem Heilungsprozess bewirken. Die erste Meditation mit dem inneren Kind habe ich mit meiner Freundin Carina Talla praktiziert. Sie ist Heilungscoach, und ich suchte sie zu einer Zeit auf, als ich immer deutlicher merkte, wie schwer es mir fiel, mich den Menschen in meinem Leben gegenüber ganz zu öffnen. Ich hatte immer große Angst, verlassen zu werden, wenn ich mich in meinen Beziehungen verletzlich zeigte. Das galt nicht nur für Liebesbeziehungen, sondern auch für meine Freundschaften. Ich war davon überzeugt, im Stich gelassen zu werden, falls ich jemals emotionale Unterstützung brauchen oder sie bei jemandem suchen würde und die betreffende Person das spürte. Aus diesem Grund fand ich es schwierig, überhaupt an eine Beziehung zu denken, oder erlebte einen ständigen Wechsel von Nähe und Distanz, wenn ich das Gefühl hatte, zu sehr an anderen zu kleben. Wenn ich ein oder zwei Wochen nichts von einem Freund oder einer Freundin hörte, geriet ich in Panik und meine innere Stimme fragte: »Mögen die mich nicht mehr? Habe ich etwas falsch gemacht?« Entweder übertrieb ich es, indem ich sie mit Geschenken überhäufte, oder ich zog mich aus Selbstschutz zurück. So wie mich die Textnachrichten meines Exfreundes triggerten, ließ ich zu, dass alte Erfahrungen von Zurückweisung und Minderwertigkeit Angst und Unsicherheit in meine aktuellen Beziehungen brachten.

Ich war fest entschlossen, dieses Muster zu durchbrechen und etwas zu verändern. In der Sitzung mit Carina fand ich heraus, welche Arten von Beziehungen ich in meinen ersten Lebensjahren hatte und wie sie meine Überzeugungen über mich selbst und meine Beziehungen zu anderen Menschen beeinflussten. Ich erinnerte mich an viele Situationen in meiner Kindheit, in denen ich mich verlassen und zurückgewiesen fühlte, und in denen ich, um ehrlich zu sein, nur selten emotionale Sicherheit, Bestätigung, Halt und Unterstützung erfuhr.

Nachdem ich bestimmte Situationen identifiziert hatte, die meine Denk- und Verhaltensmuster prägten, konnte ich darüber nachdenken und mir mitfühlend sagen: »Natürlich fühle ich mich in Beziehungen unsicher, weil ich es als Kind nicht gelernt habe. Das ergibt jetzt alles Sinn.« Das machte es mir sofort leichter, und ich konnte die niedrig schwingende Selbstverurteilung loslassen, denn jetzt kannte ich die Ursache dafür. Ich konnte die Verletzungen sehen, nicht nur die Symptome, und so konnte ich anfangen, zu heilen und die Verhaltensmuster zu durchbrechen, die die Beziehungen in meinem Leben kontrollierten.

Carina ermutigte mich, an Erlebnisse aus meiner Kindheit zu denken, in denen ich mich zum ersten Mal unsicher oder zurückgewiesen fühlte, und führte mich dann durch die Meditation des inneren Kindes, in der sich diese Situationen vor meinem inneren Auge abspielten. Nach dieser Erinnerung stellte ich mir vor, wie mein jetziges Ich auf mein jüngeres Ich zuging, um es zu umarmen, ihm bedingungslose Liebe, Unterstützung und Bestätigung zu zeigen und ihm das zu geben, was es damals so dringend gebraucht hätte. Mir kamen die Tränen. Ich spürte dieses magische Gefühl der Liebe und des Mitgefühls für mein jüngeres Ich, und in diesem Gefühl konnte ich die Macht, die diese Erinnerungen unbewusst auf mich ausgeübt hatten, loslassen und transformieren. Als ich meine Augen wieder öffnete, hatte sich etwas verändert.

> WIR KÖNNEN DIE VERGANGENHEIT UND DIE ERFAHRUNGEN, DIE UNS GEPRÄGT HABEN, NICHT ÄNDERN, ABER WIR KÖNNEN DIE MACHT ÄNDERN, DIE SIE AUF UNS AUSÜBEN.

Immer wenn ich das Gefühl habe, dass ich etwas verarbeiten oder heilen muss, weil es mich noch belastet, nutze ich die Meditation des inneren Kindes oder des jüngeren Selbst. Dabei liege ich auf dem Rücken und konzentriere mich auf das Heben und Senken meines Bauches beim Ein- und Ausatmen. Vor meinem inneren Auge läuft eine Erinnerung ab, die verarbeitet oder geheilt werden muss. **Ich gebe dieser jüngeren Version von mir all die Liebe, die ich damals wirklich gebraucht hätte.** Ich sage ihr, dass sie sicher, geliebt, angenommen und wertvoll ist, dass sie gesehen und gehört wird. Das tue ich entweder für mein inneres Kind oder für Erfahrungen, die mich in meiner Jugend oder eher aktuell beschäftigt haben.

Das Mitgefühl für mein jüngeres Ich oder für mein inneres Kind hat mein Leben auf unerwartete Weise verändert. Um ehrlich zu sein, habe ich es lange Zeit vermieden, mich mit meiner Kindheit zu beschäftigen. Ich konnte einfach nicht begreifen, warum mir die Beschäftigung mit der Vergangenheit dabei helfen sollte, mich für die Zukunft zu stärken. Aber da lag ich völlig falsch. Es ist ein wesentlicher Teil der inneren Heilung und unserer Manifestationsfähigkeit, unserem inneren Kind das zu geben, was es in der Vergangenheit nicht bekommen hat. Denn unser inneres Kind lebt immer noch in uns, und indem wir ihm die Liebe, das Mitgefühl und die Unterstützung geben, die es schon immer verdient hat, *werden wir heil.*

Ich habe eine wirkungsvolle Meditation für das innere Kind entwickelt, mit der ich dich durch diese Übung führen möchte. Sie ist Teil meiner Sammlung von Meditationen und Affirmationen, die du auf meiner Website findest (www.roxienafousi.com). Wundere dich nicht, wenn du während dieser Meditation weinen musst. Es ist eine emotionale Befreiung, versuch also nicht, dich zu beherrschen – lass alles raus und lass es los.

Übung

Ich empfehle dir, unmittelbar nach der Meditation in dein Tagebuch zu schreiben, um die heilende Wirkung dieser Methode zu verstärken. Beantworte dabei die folgenden Fragen. Du kannst das beim ersten Mal hier im Buch machen und die Übung später in deinem Journal oder Notizbuch wiederholen.

1. Woran hast du dich erinnerst?

....

....

....

....

....

....

....

....

....

2. Wie hat sich dein jüngeres Selbst damals gefühlt?

....

....

....

....

....

....

....

....

....

3. Welche liebevollen Worte hast du zu deinem jüngeren Selbst gesagt?

....

....

....

....

....

....

....

....

....

Hinweis: Die Arbeit mit dem inneren Kind kann für manche Menschen extrem triggernd und schmerzhaft sein, wenn sie ohne Begleitung durchgeführt wird. In diesem Fall empfehle ich dringend, diese Übung mit professioneller Begleitung durchzuführen.

ÜBER DIE ARBEIT MIT DEM INNEREN KIND UND DAS REPARENTING

Ich erinnere mich, dass ich sechs Monate nach meinem Start auf dem Weg der Selbstentwicklung dachte: »Das war's. Jetzt bin ich geheilt.« Ich war in den **»Flitterwochen der Selbsthilfe«,** wie ich es nenne. Die dunkle

Wolke hatte sich verzogen, und es war einfach berauschend, das Licht des Lebens zu sehen, nachdem ich zwei Jahrzehnte in einem dunklen Tunnel zugebracht hatte. Dieses Hochgefühl ließ mich glauben, dass mich nichts mehr erschüttern könnte, dass ich nie mehr deprimiert wäre oder Probleme bewältigen müsste. Es ist ein bisschen so, wie wenn man sich zum ersten Mal verliebt und glaubt, mit diesem Menschen nie Streit zu haben.

Rückblickend war das naiv, und heute weiß ich, dass Heilung ein kontinuierlicher Prozess ist, der wie eine Beziehung Anstrengung, Engagement und Einsatz erfordert. Aber mit jedem weiteren Schritt auf diesem Weg wird es leichter, die Verletzungen zu verarbeiten und zu heilen. Jedes Mal beginnt ein neues Kapitel in deinem Leben und du öffnest dich für noch mehr Fülle.

Ich sehe in der Arbeit mit dem inneren Kind einen wichtigen Teil des Heilungsweges, ebenso wie im *Reparenting*. Dabei geben wir uns selbst das, was uns in der Kindheit gefehlt hat: gehört und gesehen zu werden sowie Bestätigung, Wertschätzung und Akzeptanz zu erfahren. Ich habe dies bereits in der Meditation des inneren Kindes angesprochen, aber die Arbeit mit dem inneren Kind umfasst noch viel mehr, was für deine eigene Entwicklung und deine Manifestationsreise von größtem Nutzen sein kann.

3. Alle Gefühle spüren

Wir werden unter anderem deshalb so schnell von vergangenen Erfahrungen getriggert, weil wir sie zum Zeitpunkt des Geschehens nicht richtig verarbeitet haben. Wahrscheinlich waren wir in unserer Kindheit oder Jugend einfach noch nicht so weit, um angemessen damit umzugehen. Aber auch im Erwachsenenalter neigen wir dazu, negative Gefühle zu verdrängen und ihnen auszuweichen. Wir lenken uns ab mit Alkohol, Shopping, sozialen Medien, Drogen, Sex oder Arbeit, um uns nicht mit unseren Verletzungen auseinandersetzen zu müssen.

Leider führt das nur dazu, dass der emotionale Schmerz und die damit verbundene niedrig schwingende Energie in uns stagnieren. Überleg mal: Du würdest bei starken Verspannungen im Nacken- und Schulterbereich doch auch nicht erwarten, dass sie von allein verschwinden, oder? Du weißt, je länger du nichts unternimmst, desto schlimmer wird es, also suchst du nach Möglichkeiten, um die Verspannungen zu lösen, zum Beispiel durch eine Massage, einen Termin beim Chiropraktiker oder einer Physiotherapeutin oder durch Dehnübungen.

Das Gleiche müssen wir für unseren Emotionalkörper tun und daran arbeiten, gespeicherte, unterdrückte und niedrig schwingende Emotionen loszulassen, indem wir Methoden anwenden, mit deren Hilfe wir sie transformieren und dann loslassen können. Ich denke zum Beispiel an Tagebuchschreiben, Meditation, Weinen, Gespräche mit einer vertrauten Person oder eine Therapie.

> WIR SOLLTEN UNS ANGEWÖHNEN, UNSERE EMOTIONEN ZUM AUSDRUCK ZU BRINGEN, UND UNS ERLAUBEN, DAS GANZE SPEKTRUM AN EMOTIONEN WIRKLICH ZU FÜHLEN, UM SIE ZU VERARBEITEN, SIE LOSZULASSEN UND DADURCH UNSERE ENERGETISCHE SCHWINGUNG ZU ERHÖHEN.

Denk einen Moment darüber nach, auf welche Weise du wohl deinen Gefühlen ausweichst. Kannst du erkennen, wann oder wie du das tust? Das kann etwas ganz Offensichtliches sein, etwa Alkohol trinken oder sich mit Essen ablenken, aber oft fliehen wir auf viel subtilere Weise vor unseren Gefühlen. Ich denke zum Beispiel an Freunde oder Klientinnen, die *permanent* überfordert, ausgepowert oder beschäftigt sind. Sie arbeiten zu viel oder sind ständig einsatzbereit, um die Bedürfnisse anderer zu erfüllen, obwohl das negative Auswirkungen auf ihr emotionales und körperliches Wohlbefinden hat. Ich sehe darin eine Art Flucht: Wir ballern uns unbewusst derart mit Arbeit zu, dass überhaupt keine Zeit bleibt, um mal allein zu sein und uns selbst zu begegnen.

Ich denke oft darüber nach, warum wir es uns angewöhnt haben, unsere Gefühle zu verbergen, zu verleugnen oder sie zu verdrängen. Ich kann mir drei Gründe dafür vorstellen: Erstens wurde uns in der Kindheit beigebracht, dass Weinen oder Wutanfälle »ungezogen« oder »böse« sind und bestraft werden. Natürlich sind Grenzen für Kinder unglaublich wichtig, aber es ist kein Wunder, dass wir unsere Emotionen so gut verstecken, wenn wir immer wieder gehört haben, dass wir nur dann lieb sind, wenn wir unsere Gefühle unterdrücken.

Zweitens ist es anstrengend, schwierige Gefühle auszuhalten. Es ist bestimmt einfacher, mit der besten Freundin ein paar Gläser Wein zu trinken, als sich dem Schmerz des Liebeskummers zu stellen. Ich habe mich selbst zehn Jahre lang in Drogen und Alkohol geflüchtet, ich weiß also, wovon ich rede. Aber der einfachste Weg ist nicht unbedingt der richtige. **Um unsere Gefühle verarbeiten zu können, müssen wir sie spüren, sie ergründen und uns mit ihnen auseinandersetzen. Nur so erlangen wir innere Ruhe und Zufriedenheit.**

Die dritte Ursache für die Verdrängung unserer Gefühle liegt meiner Meinung nach in der **toxischen Positivität** der modernen Gesellschaft. Wir versuchen krampfhaft, auch in schwierigen Zeiten jeder Situation positiv zu begegnen und immer eine positive Haltung einzunehmen. Dies verstärkt den Zwang, nur positive Emotionen zu zeigen und andere Gefühle zu unterdrücken. Nach außen hin demonstrieren wir eine freudvolle Fassade, während dahinter emotionaler Schmerz und Kummer toben. Vielleicht hast du schon mal einer Freundin oder einem Familienmitglied erzählt, wie es dir wirklich geht, und hast zur Antwort bekommen: »Es könnte schlimmer sein«, »Sieh es positiv« oder »So schlimm ist das doch gar nicht«. Das hat dir ganz bestimmt nicht geholfen, oder? Auch wenn uns der oder die andere mit solchen Floskeln aufmuntern möchte, fühlen wir uns nicht ernst genommen oder sogar lächerlich gemacht – und genau dazu führt toxische Positivität. Sie verhindert, dass wir uns angenommen fühlen, und bestärkt uns in dem unterbewussten Glauben, dass es besser ist, niedrig schwingende Gefühle für uns zu behalten.

Vielleicht fragst du dich jetzt, wie ich ein Buch über Manifestation schreiben kann, in dem ich die hoch schwingende Positivität feiere und gleichzeitig die toxische Positivität kritisiere. Letztendlich läuft alles auf die treibende Kraft des Manifestierens hinaus: die Selbstliebe. Wir gehen nicht liebevoll mit uns selbst um, wenn wir uns nicht erlauben, unsere Gefühle frei auszudrücken. Wir gehen nicht liebevoll mit uns um, wenn wir ignorieren oder herunterspielen, dass uns etwas überfordert oder schwerfällt. Praktizierte Selbstliebe bedeutet vielmehr, sich selbst emotional zu bejahen und sich anzunehmen, sich auf den eigenen Heilungsweg einzulassen und voller Zuversicht darauf zu vertrauen, dass jenseits der dunklen Zeiten des Lebens Wachstum und Fülle warten. Auf diese Weise erkennst du deine niedrig schwingenden Emotionen an, ohne ihnen nachzugeben. Dieser Akt der Selbstliebe verleiht dir die Kraft, noch wirkungsvoller zu manifestieren.

> KANNST DU DICH DARAN ERINNERN, WIE DICH EINE FREUNDIN MITTEN AN EINEM SEHR SCHWIERIGEN TAG ODER WÄHREND EINER ANSTRENGENDEN WOCHE GEFRAGT HAT, WIE ES DIR GEHT, UND DU PLÖTZLICH IN TRÄNEN

AUSGEBROCHEN BIST? WIE KAM ES DAZU? DIESE FREUNDIN HAT DIR DIE BEIDEN DINGE GEGEBEN, DIE DU AM MEISTEN GEBRAUCHT HAST: EINEN SICHEREN RAHMEN UND MITGEFÜHL. GENAU DAS SOLLTEST DU DIR SELBST GEBEN.

Lass negative Emotionen zu, nimm sie an, akzeptiere sie und verurteile sie nicht. Gib ihnen Raum, damit du dir selbst die Liebe und das Mitgefühl erweisen kannst, die du brauchst, und lass sie dann los. Angenommen, du bist in den sozialen Medien unterwegs und jemand hinterlässt einen unfreundlichen Kommentar zu deinem Post. Jetzt könntest du sagen: »Ich weiß, dass es mir egal sein sollte. Ich weiß, dass das unwichtig ist« und alle negativen Gefühle, die in dir aufsteigen, wegwischen. Versuch stattdessen lieber Folgendes:

1. Frag dich, was das in dir ausgelöst hat, und wie du dich dabei fühlst.
2. Mach dir Mut, zum Beispiel so: »Ich bin traurig, aber das ist ganz normal. Wer hört schon gern unfreundliche Gemeinheiten?«
3. Zeig Mitgefühl für dich selbst, indem du etwas Nettes zu dir sagst oder dir einen guten Rat gibst, so wie du es für deine beste Freundin tun würdest, oder indem du ein Mantra der Selbstliebe mehrmals wiederholst.

SPÜRE ALLE GEFÜHLE, UM SIE ZU VERARBEITEN UND DANN LOSZULASSEN.

FAQ

Q: Bedeutet Manifestation, dass ich immer eine positive Haltung einnehmen muss? Was soll ich tun, wenn es mal nicht so gut läuft?

A: Ich kann gar nicht mehr zählen, wie oft mir diese Frage schon gestellt wurde. Ich habe den Eindruck, dass sich so viele Leute unnötig unter Druck setzen, immer gut drauf und in Hochstimmung sein zu müssen, und in Panik geraten, dass sie ein schlechter Tag völlig aus der Bahn werfen könnte. Dahinter steckt die toxische Positivität, von der ich eben gesprochen habe, und die irrige Annahme, dass man beim Manifestieren immer glücklich und positiv sein müsste, damit es auch wirklich funktioniert. Ich möchte dir hier und jetzt ganz klar sagen, dass das nicht der Fall ist. Manifestieren ist eine Methode der Selbstentwicklung, nach der du dein Leben ausrichten kannst. Das bedeutet, dass sie die ganz normalen Höhen und Tiefen des Lebens und alles, was uns Menschen ausmacht, miteinbezieht. Der Anspruch, immer »glücklich« sein zu müssen, ist kontraproduktiv.

Wir sind keine Roboter. Es gibt schlechte Tage, die uns zu schaffen machen, wenn wir nicht ganz auf der Höhe sind, und *das ist okay.* Ich zum Beispiel lebe und atme die sieben Schritte des Manifestierens, aber das heißt nicht, dass ich mich an manchen Tagen nicht niedergeschlagen, ängstlich und gestresst fühle oder sauer bin.

Im Wesentlichen geht es darum, uns zu erlauben, ganz normale Menschen zu sein, das ganze Spektrum von Gefühlen zu empfinden, ohne sie zu bewerten, Mitgefühl für uns selbst zu haben und das zu verarbeiten, was wir loslassen sollten. **Das ist praktizierte Selbstliebe, und durch sie können wir auch an den Tagen manifestieren, an denen es einfach unmöglich ist, »positiv« zu sein.**

Vergiss nicht: Wir manifestieren nicht das, woran wir denken, sondern das, wovon wir überzeugt sind. Ein Gedanke wird erst dann zu einer Überzeugung, wenn wir ihn über einen längeren Zeitraum hinweg ständig wiederholen. Wenn dir also mal ein negativer Gedanke in den Sinn kommt, mach dir bitte keine Sorgen, dass du ihn manifestieren könntest.

Wenn jemand in seiner Manifestationskraft blockiert ist, erinnere ich ihn oder sie an die wichtigste Lektion des Manifestierens: **Wir manifestieren durch unsere unterbewussten Überzeugungen darüber, was wir verdienen, und durch unser Selbstwertgefühl.** Wenn etwas, das du manifestieren willst, nicht eintrifft, solltest du zu Schritt 2 zurückkehren und herausfinden, welche Ängste und Zweifel dich noch blockieren. Du musst dich auf die innere Arbeit einlassen, es führt kein Weg daran vorbei. Die folgenden Techniken finde ich sehr effektiv, um Ängste und Zweifel aufzulösen. Fang am besten gleich damit an.

1. Die Vergangenheit hat keine Macht über die Zukunft

»Wenn wir davon sprechen, was war und was ist, meinen wir zwei verschiedene Dinge.«[2]

REBECCA SOLNIT

Wenn wir darüber nachdenken, was wir manifestieren wollen, können Ängste und Zweifel die Oberhand gewinnen und uns glauben machen, dass wir es nicht können oder es gar nicht erst probieren sollten. Warum ist das so? **Vielleicht versucht das Unterbewusstsein auf diese Weise, uns davor zu bewahren, eine Erfahrung zu wiederholen, die uns in der Vergangenheit wehgetan oder geschadet hat.** Das ist nicht verwunderlich, wenn man bedenkt, dass die Hauptaufgabe des Gehirns darin besteht, uns zu schützen.

Wenn du zum Beispiel in einer früheren Beziehung schwer enttäuscht worden bist und sehr darunter gelitten hast, versuchen deine Ängste und Zweifel vielleicht, dich vor ähnlichen Erfahrungen zu schützen, indem sie dich davon abhalten, jemanden kennenzulernen, oder indem sie dich darin bestärken, deine nächste Beziehung selbst zu sabotieren. Oder du hast nach einem Vorstellungsgespräch nicht den ersehnten Job bekommen, und nun reden dir deine Ängste und Zweifel vielleicht ein, dass du sowieso *nie* den Job bekommen wirst,

2 Solnit, Rebecca (2017): *Wenn Männer mir die Welt erklären*, München, btb

den du haben willst. Sie bestärken dich darin, dich auf Stellen zu bewerben, für die du überqualifiziert bist oder für die du nicht die Wertschätzung oder die Bezahlung bekommst, die du eigentlich verdienst.

> DENK DARAN: ÄNGSTE UND ZWEIFEL TARNEN SICH OFT ALS FREUNDE UND GEBEN VOR, DICH VOR UNVERMEIDLICHEN ENTTÄUSCHUNGEN BEWAHREN ZU WOLLEN, ABER IN WIRKLICHKEIT HINDERN SIE DICH AKTIV DARAN, DIE FÜLLE DES UNIVERSUMS ZU ERFAHREN.

Übung

Beantworte die folgenden Fragen, um zu erkennen, wann dir deine Vergangenheit beim Manifestieren im Weg steht:

1. Was möchtest du jetzt manifestieren? (Beispiel: eine gesunde und liebevolle Beziehung)

....

....

2. Gibt es etwas in deiner Vergangenheit, das dich daran zweifeln lässt, dass dies möglich ist? (Beispiel: Mein Exfreund hat mich wegen einer anderen Frau verlassen.)

....

....

3. Welche Angst steckt dahinter? (Beispiel: Ich habe Angst, wieder mit gebrochenem Herzen verlassen zu werden, wenn ich mich auf eine andere Person einlasse.)

………………………………………………………………………

………………………………………………………………………

Bitte lies dir nun den folgenden sehr wichtigen Abschnitt durch und denk darüber nach:

> DU BIST NICHT MEHR DIESELBE PERSON WIE DAMALS. DU HAST DICH SEITHER VERÄNDERT, BIST GEWACHSEN UND HAST DICH WEITERENTWICKELT. DU VERÄNDERST DICH JEDEN TAG. DU BIST RESILIENTER, BEWUSSTER UND PRAKTIZIERST SELBSTLIEBE. DURCH DIE KRAFT DER MANIFESTATION HAST DU DIE MACHT, ZU ENTSCHEIDEN, WIE DEIN LEBEN WEITERGEHEN SOLL. HAB VERTRAUEN IN DICH SELBST.

Fahre in diesem Sinne mit der Übung fort und beantworte die folgenden Fragen:

1. Wie habe ich mich seither entwickelt und was habe ich gelernt?

………………………………………………………………………

………………………………………………………………………

………………………………………………………………………

………………………………………………………………………

....

....

....

....

....

2. Was könnte ich tun, um ein anderes Ergebnis zu erzielen?

....

....

....

....

....

....

....

....

....

Ich verwende gerne ein Mantra, das ich auch dir empfehle, wenn du merkst, dass du aufgrund einer vergangenen Erfahrung Angst hast. Das Mantra lautet: **»Die Vergangenheit hat keine Macht über meine Zukunft.«** Diese Worte erinnern uns daran, dass uns etwas, das in der Vergangenheit nicht funktioniert hat, dennoch jetzt oder in der Zukunft glücken kann.

Sprich mir also nach: **Die Vergangenheit hat keine Macht über meine Zukunft.**

2. Achtsamkeit

Achtsamkeit ist ein Bewusstseinszustand. Achtsamkeit ist eine auf den gegenwärtigen Moment gerichtete Aufmerksamkeit und bedeutet, sich ohne Wertung oder Beurteilung ganz auf das Hier und Jetzt einzulassen.

Achtsamkeit verändert die Art und Weise, wie wir die Welt wahrnehmen, und kann unser Wohlbefinden grundlegend verbessern, sowohl in emotionaler als auch in körperlicher Hinsicht. Für mich ist Achtsamkeit das beste Mittel gegen Stress, Überforderung und Angst. Sie bietet mir die Möglichkeit, mich täglich in achtsamem Gewahrsein, in Dankbarkeit und Selbstliebe zu üben. Ich lerne dadurch, die einfachen Freuden des Alltags zu genießen, geerdet zu bleiben und das Leben nicht *ungelebt* an mir vorbeiziehen zu lassen. Die meisten Menschen üben, ihre Aufmerksamkeit durch achtsamkeitsbasierte Meditation oder achtsame Atemübungen zu fokussieren, aber man kann Achtsamkeit auch bei vielen anderen Gelegenheiten praktizieren: beim Spazierengehen, beim Sport, beim Zuhören und sogar beim Essen.

Achtsamkeit trainiert das Gehirn, sich besser zu fokussieren, sie erhöht die Wahrnehmungsfähigkeit für äußere und innere Vorgänge und die geistige Klarheit, was zu mehr Produktivität führt. Ich habe das Gefühl, dass ich dadurch kreativer und innovativer geworden bin. Indem ich Achtsamkeitsübungen praktiziere und den »Lärm« des Lebens ausblende, schaffe ich mir den geistigen Freiraum, den ich brauche, um neue Ideen und Perspektiven zu entwickeln. Ich glaube, deshalb kommen mir die besten Ideen, wenn ich trainiere oder einen langen Spaziergang mache.

Achtsamkeit hilft auch, Ängste und Zweifel zu überwinden, und ist besonders hilfreich, wenn der innere Kritiker oder die innere Stimme der Sorge wieder mal unerträglich laut wird. Du kennst sie bestimmt – die Momente, in denen dich zwanghafte Gedanken quälen, die du nicht abstellen kannst. Sie können sich sogar negativ auf den Körper auswirken, etwa durch Magenkrämpfe, Herzrasen oder eine flache Atmung. Das fühlt sich schrecklich an und in solchen Momenten hilft mir Achtsamkeit wirklich weiter.

Vergiss nicht: Wir können immer nur einen Gedanken denken. Das bedeutet, wir können den negativen Gedankenkreislauf durchbrechen, indem wir unsere Aufmerksamkeit auf etwas anderes richten. Wenn du merkst, dass die innere Stimme der Angst und des Zweifels die Kontrolle übernimmt, dann richte deine Aufmerksamkeit auf etwas, das sich direkt vor dir befindet. Auf diese Weise kannst du deine Emotionen regulieren. Du kannst jeden deiner fünf Sinne nutzen, um Achtsamkeit zu praktizieren, zum Beispiel den Sehsinn, indem du dich auf deine Umgebung (Landschaft oder Raum) konzentrierst, oder den Hörsinn, indem du deine Wahrnehmung auf die Geräusche um dich herum richtest. Dadurch unterbrichst du dein Gedankenkarussell und fühlst dich schnell wieder geerdet, wenn du gedanklich in die Gegenwart zurückkehrst.

»Der gegenwärtige Moment ist der sicherste Ort, an dem du sein kannst.«

UNBEKANNT

Mit dem folgenden Beispiel möchte ich dir zeigen, wie du die Achtsamkeitspraxis in deinem Alltag anwenden kannst. Stell dir vor, du bist mit deiner Clique beim Essen, und jemand reißt einen Witz über dich, der dich verletzt, etwas in dir triggert und Selbstzweifel auslöst. Sofort beschleichen dich negative Gedanken, und je intensiver sie werden, desto mehr spürst du eine Enge in der Brust. Mach dir bewusst, was gerade mit dir passiert, richte deine Aufmerksamkeit auf den Raum, und konzentriere dich auf die Details, die du siehst, oder auf die verschiedenen Geräusche, die du hörst. Ich achte zum Beispiel bevorzugt auf alle Farben, die ich sehe, und benenne sie der Reihe nach. So löst du dich vom negativen Selbstgespräch in deinem Kopf. Sobald du deinen Fokus auf den gegenwärtigen Moment richtest, wirst du recht schnell eine mentale und körperliche Veränderung an dir bemerken.

Um die Technik der Achtsamkeit optimal nutzen und schnell darauf zugreifen zu können, wenn uns Ängste und Zweifel im Griff haben, müssen wir sie regelmäßig anwenden und üben. Mir wurde mal gesagt: »Warte nicht, bis du eine Panikattacke hast, um meditieren zu lernen. Lerne zu meditieren, damit du weißt, was du tun musst, wenn du eine Panikattacke bekommst.« Das ist absolut sinnvoll und richtig: Wir müssen den Umgang mit diesen Hilfsmitteln lernen, damit wir sie mühelos anwenden können, wenn wir sie brauchen.

Übung

Bitte probiere jetzt die folgende Achtsamkeitsübung aus. Leg das Buch dazu beiseite, sobald du die Anleitung gelesen hast.

- Achte darauf, wie du dich gerade fühlst – emotional, mental und körperlich.
- Stell einen Timer auf zwei Minuten ein.
- Setz dich mit geradem Rücken auf den Boden (mit gekreuzten Beinen) oder auf einen Stuhl (die Füße flach auf dem Boden).
- Starte den Timer und benenne dann die Farben, die du siehst, oder die Geräusche, die du hörst. Atme langsam und tief ein und aus.
- Achte nach Ablauf der Zeit darauf, wie du dich jetzt fühlst. Fühlst du dich energetisch erfrischt und geerdet?

Wiederhole diese Übung in den nächsten sieben Tage einmal täglich. Verlängere sie jeden Tag um eine Minute, um sie zu verinnerlichen.

> JE ÖFTER WIR DEN INNEREN KRITIKER UNTERBRECHEN, DIESE STIMME DER ANGST UND DES ZWEIFELS, DESTO WENIGER MACHT HAT ER ÜBER UNS.

3. Worst-Case-Szenario-Methode

Wade und ich lieben diese Technik, seit wir sie in der Fernsehserie »This is Us« gesehen haben, und probieren sie oft gemeinsam aus. In der Serie spielt eines der Paare, Randall und Beth, seine schlimmsten Erlebnisse wie im Zeitraffer durch. Sie erzählen sich gegenseitig ihre tiefsten Ängste und Zweifel, ohne dabei sich selbst oder den anderen zu verurteilen. Sie zerren all ihre Ängste ans Licht.

Wade und ich haben das ausprobiert, wenn uns etwas Angst machte, Sorgen bereitete oder wir unsicher waren. Bei Problemen überlegten wir uns, was im schlimmsten Fall passieren könnte, und sprachen diese Gedanken offen und ehrlich aus. Diese Methode brachte sofortige Erleichterung mit sich, weshalb ich sie auch mit meinen Klientinnen teile.

Meiner Meinung nach funktioniert diese Technik aus mehreren Gründen so gut. Erstens steht hinter jeder Angst oder Sorge fast immer ein unbewusstes Worst-Case-Szenario. So steht zum Beispiel hinter der Angst, die Haustür nicht abgeschlossen zu haben, das Worst-Case-Szenario, bei der Rückkehr die Wohnung durchwühlt und ausgeraubt vorzufinden. Wenn du dir Sorgen machst, bei einer Prüfung versagt zu haben, könnte dein Worst-Case-Szenario sein, dass du durchfällst, nicht an deiner Wunsch-Universität angenommen wirst und deshalb *nie* einen Job findest.

Wenn wir sagen, was das Schlimmste ist, das uns in einer Situation passieren kann, stellen wir fest, wie unwahrscheinlich und weit hergeholt solche Ängste sind. Manchmal braucht es diese Technik auch einfach, um die Komik darin zu erkennen, wie albern unsere Worst-Case-Szenarien in Wirklichkeit sind. Oft muss ich mit Wade schon lachen, noch bevor ich den Satz zu Ende gesprochen habe, weil ich merke, wie absurd meine Ängste und Zweifel sind, die mir einreden wollen, ich sei eine Versagerin, deren Karriere plötzlich von heute auf morgen vorbei sein wird, nur weil mir jemand nicht auf meine E-Mail geantwortet hat.

Das zweite große Geschenk dieser Technik besteht darin, dass wir durch das Aussprechen unserer Worst-Case-Szenarien erkennen, **wie gut wir auch das größte Drama bewältigen könnten**, wenn es denn eintreffen würde. Wir würden eine Lösung finden und alles wäre gut. Ich finde es sehr beruhigend, zu wissen, dass wir auch für den schlimmsten Fall einen Notfallplan parat haben, egal was passiert.

Mit dem folgenden Beispiel möchte ich dir zeigen, wie du diese Technik selbst anwenden kannst. Angenommen, deine Chefin bittet dich per E-Mail um ein Gespräch am nächsten Morgen in ihrem Büro. Auf diese Nachricht reagierst du mit Panik und Angst und gerätst in Stress. Was ist der Grund für diese Reaktion? Es ist doch nicht nur der Gedanke an das Gespräch, oder? Nein, wahrscheinlich ist es dein Worst-Case-Szenario, das dein Unterbewusstsein damit verbindet. Der erste Schritt besteht darin, es genauer zu betrachten. Dein Worst-Case-Szenario könnte zum Beispiel lauten: »Was soll ich bloß tun, wenn meine Chefin mich feuert, ich nicht sofort einen neuen Job finde und deshalb wieder zu meinen Eltern ziehen muss?« Nachdem du das ausgesprochen hast, kannst du dir überlegen, wie realistisch dieses Szenario ist, und dir dann vor Augen führen, dass du die Entlassung überleben und einen neuen Job finden *würdest* und es dir bald wieder gut ginge.

Übung

Wenn du wieder einmal gestresst, ängstlich oder besorgt bist, beantworte die folgenden Fragen, die dich durch die Worst-Case-Szenario-Methode führen:

1. Was hat mich so beunruhigt?

....

....

....

....

....

2. Wie sieht das Worst-Case-Szenario aus, das ich damit verbinde?

....

....

....

....

....

3. Ist es wahrscheinlich, dass es eintritt?

....

....

....

....

....

4. Was kann ich tun, wenn es eintritt?

....

....

....

....

....

Wir malen uns oft die größten Katastrophen und die schlimmsten Folgen aus und merken es nicht einmal. Sobald ich feststelle, dass ich plötzlich Angst habe oder gestresst bin, stelle ich mir diese Fragen und sofort geht es mir besser. Mithilfe dieser Fragen kannst du dir deine Worst-Case-Szenarien bewusst machen, deren Ursachen Ängste und Zweifel sind. Du wirst daran erinnert, dass du alles bewältigen kannst, was das Leben dir vorsetzt. Du bist stärker und resilienter, als du denkst. Dein Worst-Case-Szenario wird wahrscheinlich nie eintreten, aber selbst wenn, wirst du einen Weg finden, um damit fertigzuwerden.

SCHLIMMER ALS DIE REALITÄT

Gib's zu, auch du hast Angst vor dem Zahnarzt! Allein die Vorstellung, wie du dort im grellen Lichtschein den Mund unendlich weit aufreißen musst, während der Arzt in deinem Gebiss herumfuhrwerkt und so unverständliche Dinge brabbelt wie: »E1, D2, Retromolar!« Der Gedanke daran kann einem bereits Tage oder Wochen vor dem Termin schlaflose Nächte bereiten. Aber war es dann tatsächlich

so schlimm, wie du es dir vorher vorgestellt hast? Oder war es doch nur ein unangenehmer Termin, den du aber gut überstanden und eine Stunde später schon wieder vergessen hast oder über den du sogar froh warst?
Mit unseren Zukunftssorgen belasten wir nur den gegenwärtigen Moment und die ständige Angst behindert unsere Manifestationskraft. Wir haben schon oft erlebt, dass eine vorweggenommene Erwartung oder Angst fast immer schlimmer ist als die tatsächliche Realität, und das sollten wir uns immer vor Augen halten.
Denk daran: Wir werden immer wieder vor Situationen gestellt, die stressig, anstrengend oder anspruchsvoll sind, aber wir sind zu jeder Zeit in der Lage, sie zu meistern, und werden dadurch stärker und resilienter.

Vollmond-Ritual des Loslassens

Loslassen ist ein wesentlicher Bestandteil des gesamten Manifestationsprozesses. Damit Fülle, Liebe, Glück und Erfolg in unser Leben kommen können, müssen wir Raum dafür schaffen. **Dazu entfernen wir alles, was uns nicht mehr dient oder nicht mehr mit unserem höchsten Selbst und unseren zukünftigen Zielen übereinstimmt.**

Wie ich bereits erwähnt habe, sind unsere Emotionen oft so lange in uns gespeichert, bis wir sie verarbeiten und loslassen. Emotionen wie Ärger, Groll, Angst, Scham oder Schuld halten uns in ihrer niedrig schwingenden Frequenz gefangen, was unsere Manifestationsfähigkeit erheblich beeinträchtigt. Meine gute Freundin Denise Byrne ermutigte mich, jeden Monat ein Vollmond-Ritual des Loslassens durchzuführen, denn Vollmond ist ein Zeitpunkt, an dem wir alles loslassen dürfen, was uns nicht mehr dient.

Dieses Ritual hat mir so gut gefallen, dass ich es hier vorstellen möchte. Ich halte es für einen äußerst kraftvollen Weg, jeden Monat darüber nachzudenken, was uns nicht mehr dient, und die Ängste und Zweifel loszulassen, die unsere Manifestationen im Moment blockieren. Hier folgt ein Textauszug von Denise, in dem sie das Ritual und den Ablauf Schritt für Schritt erklärt, damit du es zu Hause ausprobieren kannst:

VOLLMOND-RITUAL DES LOSLASSENS *VON DENISE BYRNE*

Ein Ritual des Loslassens ist ein wesentlicher Bestandteil des Manifestationsprozesses. Wie willst du eine magnetische Energie aufrechterhalten, wenn du nicht aktiv alles loslässt, was dich blockiert und dir nicht mehr dient? Wenn du bisher noch kein Loslass-Ritual gemacht hast, freue ich mich für dich, denn es ist etwas sehr Befreiendes und Ermächtigendes. Du kannst es zu jeder Zeit durchführen, aber ich lege es immer auf die Zeit des Vollmondes, weil das kosmisch gesehen die Zeit im Monat ist, in der die Energie ihren Höhepunkt erreicht und dann freigesetzt wird. Der Mond durchläuft mehrere Phasen, aber bei Vollmond, der alle 29,5 Tage stattfindet, können wir seine ganze Kraft nutzen. Eine wunderbare Gelegenheit, um alles anzuziehen, was wir haben wollen, und das loszulassen, was wir nicht mehr brauchen. Während der Neumond zu Beginn des Mondzyklus eine wichtige Zeit der Besinnung, der Selbstbeobachtung und des Neuanfangs ist, können wir bei Vollmond alles abgeben, was uns nicht mehr dient, und unseren Zielen mehr Kraft verleihen.

Studien belegen den Einfluss der Mondphasen auf unsere Stimmung, auf unser Schlafverhalten und sogar auf den weiblichen Menstruationszyklus. Wer an der Kraft des Mondes zweifelt, dem sei gesagt, dass der Mond mit seiner Anziehungskraft die Gezeiten bestimmt. Und wenn der Mond die Meere beeinflussen kann … dann bestimmt auch dich und deine Energie! Der menschliche Körper besteht bis zu 90 Prozent aus Wasser. Kein Wunder also, dass Wissenschaftler davon ausgehen, dass wir bei Vollmond weniger tief schlafen und dass schlechte Laune und Angstzustände vermehrt auftreten können. Auch wenn sich unser Alltag weit entfernt vom Mond abspielt, heißt das nicht, dass wir nicht von seinen Superkräften beeinflusst werden.

Die Vorteile der Vollmondmagie

1. Löse deine Energieblockaden

Die Phase des Vollmondes ist der ideale Zeitpunkt, um deine Ängste, Sorgen und Befürchtungen zu erkennen und sie loszulassen. Egal, ob dich finanzielle Sorgen oder Selbstzweifel beeinträchtigen – der Vollmond hat eine starke, reinigende Energie und kann dir helfen, alles loszulassen. Kurz gesagt: Ein Vollmond-Ritual ist ein bisschen wie Entrümpeln.

2. Verstärke deine Intentionen und erhöhe deine Schwingung

Kennst du die Weisheit, dass alles, was du aussendest, um ein Vielfaches zu dir zurückkehrt? Das gilt besonders bei Vollmond, denn er ist ein kraftvoller Verstärker. Er nimmt deine Energie auf und vervielfacht sie, egal wie gut oder schlecht sie ist, egal wie hoch oder niedrig sie schwingt. Alle Intentionen, die du dir bei Vollmond setzt, erhalten dadurch mehr Kraft, sich zu manifestieren. Mit seiner verstärkenden Wirkung sorgt der Vollmond dafür, dass gute Schwingungen weitergegeben werden, wenn du dich gut fühlst.

Das Vollmond-Ritual

Das brauchst du: Papier, Stift, Schere, Kerze, Streichhölzer, Schüssel mit Wasser

Schritt 1

Nimm dir Zeit, um darüber nachzudenken, was dich blockiert. Vielleicht kreisen deine Gedanken ständig um eine bestimmte Angelegenheit und das lenkt dich ab. Oder ist es eine unangenehme Begegnung mit einer anderen Person, ein schwieriges Problem, eine quälende Angst, einschränkende Selbstgespräche oder eine schlechte Angewohnheit? Überleg dir, was im Moment nicht gut läuft und deine Energie blockiert. Schneide das Blatt Papier in einzelne Streifen. Schreib auf jeden einzelnen Streifen, was du loslassen willst.

Schritt 2

Lies laut oder in Gedanken durch, was du aufgeschrieben hast, und sag bei jedem Streifen: »Das dient mir nicht mehr und ich lasse es los.« All diese Dinge bloa ckieren dich im Moment, und es ist Zeit, sie loszulassen.

Schritt 3
Zünde die Kerze an und entzünde an der Flamme *vorsichtig* die einzelnen Papierstreifen, die du dann sofort in die Schüssel mit Wasser gibst. Beim Verbrennen entsteht Rauch. Stell dir vor, dass er deine Ängste und Zweifel mit sich nimmt.

Schritt 4
Du hast dich von allem verabschiedet, was dir nicht mehr dient, und nun folgt der aufregende Teil des Rituals: Jetzt heißt du die guten Dinge im neu geschaffenen Raum willkommen. Nutze die kraftvolle Mondenergie, um dir zu überlegen, was du im nächsten Monat manifestieren willst. Erstelle ein Mini-Vision-Board.

Herzlichen Glückwunsch! Du hast soeben das Vollmond-Ritual vollzogen. Alles, was dich blockiert, deine guten Schwingungen gedämpft und dir Energie geraubt hat, ist nun verschwunden. Mit neuen Intentionen ebnest du den Weg für deine zukünftigen Erfolge – und das alles mithilfe des mächtigen und äußerst kraftvollen Vollmondes.

KANN ICH WEITER MANIFESTIEREN, AUCH WENN ICH IMMER NOCH UNGELÖSTE ÄNGSTE UND ZWEIFEL HABE?

Die Antwort lautet ganz einfach: Ja! Wir alle haben über Jahre und sogar Jahrzehnte hinweg Erfahrungen gespeichert, die zu Unsicherheit, einem geringen Selbstwertgefühl und zu Selbstzweifeln geführt haben, und deshalb brauchen wir den kontinuierlichen Prozess des Loslassens. Unser innerer Kritiker wird zwar weiterhin versuchen, sich Gehör zu verschaffen, und es wird immer wieder Tage geben, an denen er uns kleinmacht, aber das bedeutet nicht, dass wir nicht kraftvoll und effektiv manifestieren können, obwohl wir uns noch auf dem Weg der Heilung befinden.

Wie ich bereits erwähnt habe, war ich vor der Veröffentlichung meines Buchs *Manifestiere!* sehr nervös und hatte schwer mit dem Hochstapler-Syndrom zu kämpfen. Ich möchte mit dir teilen, wie ich mit meinen Ängsten und Zweifeln umgegangen bin, sodass sie meine Manifestationsreise und die Ziele meines Vision Boards nicht beeinträchtigten und das Buch ein *Sunday-Times*-Bestseller wurde. (Übrigens kneife ich mich immer noch jedes Mal, wenn ich das sage!)

Ich beginne mit der Vorgeschichte: Als ich den Vertrag für *Manifestiere!* mit meinem britischen Verlag Penguin abschloss, hatte ich nur acht Wochen Zeit, um das Manuskript zu verfassen, wenn ich die Veröffentlichung im Januar 2022 schaffen wollte – ein Datum, das ich mir selbst gesetzt hatte. Das war zeitlich extrem eng, und erst im Nachhinein wird mir klar, wie knapp bemessen die Schreibphase war. Es war mein Glück, dass ich damals keine Ahnung davon hatte, denn ich hatte ja noch nie ein Buch geschrieben und ging ganz naiv davon aus, dass es ein Kinderspiel wäre, weil ich gern Artikel schrieb und Englisch in der Schule mein Lieblingsfach war. Ich rechnete mir sogar aus, wie viel ich schreiben müsste: »Okay, für tausend Wörter brauche ich ungefähr eine Stunde, also sollten vierzigtausend Wörter in vierzig Stunden zu schaffen sein. *Das ist easy!* Acht Wochen reichen *völlig*.«

Aber als ich anfing, merkte ich schnell, wie anstrengend das ist. Man kann das Schreiben eines Buchmanuskripts nicht mit dem Verfassen eines Artikels für eine Zeitschrift vergleichen – ich möchte sogar behaupten, dass es eine der größten Herausforderungen war, die ich je gemeistert habe, und zweifellos habe ich dabei meine Komfortzone weit hinter mir gelassen. Ich vergleiche das Schreiben eines Buches mit der Konzeption eines Bauplans: Man fängt mit dem Fundament an, dann ändert man wieder, fügt etwas hinzu oder nimmt etwas weg, überarbeitet wieder, und am Ende ist es schwer zu sagen, ob das Ganze so geworden ist, wie man es sich mal vorgestellt hatte. Man muss den Anspruch auf Perfektion völlig loslassen, denn man könnte das Manuskript ewig weiter überarbeiten.

Neben der mentalen Anstrengung litt ich während des gesamten Schreibprozesses unter einem schweren Anfall des Hochstapler-Syndroms. Jeden Tag, an dem ich vor dem Laptop saß, versuchte mein innerer Kritiker mir einzureden, dass ich keine »richtige Autorin« sei und niemals ein wirklich bedeutendes Buch schreiben könne. Ich habe Ratgeber schon immer geliebt und sie haben viel zu meinem persönlichen Wachstum beigetragen, denn ich bin davon überzeugt, dass ein Buch das Leben verändern kann. Meine Situation wurde noch schlimmer, als ich mich ständig mit den Autoren verglich, die ich bewunderte. Ich war der festen Meinung, nicht mit ihrem Schreibstil mithalten zu können, weil ich im Gegensatz zu ihnen, die ich für *richtige Autoren* hielt, eine *Schwindlerin* war, wie ich dachte. Während ich schrieb, las ich kein einziges Buch, weil ich mich nicht mit Vergleichen quälen wollte. Ich hatte nur diese eine Chance, *Manifestiere!* zu schreiben, und es wäre katastrophal, wenn meine Unsicherheit mir das vermasseln oder meinen Manifestationsprozess behindern würde.

Also praktizierte ich meine eigenen Lehren: Im ersten Schritt stellte ich mich meinen Ängsten. Ich versuchte nicht, sie zu verdrängen oder zu verleugnen, sondern ließ sie zu und entschied mich dann aktiv und bewusst für *positive Gedanken.* Ich sprach den ganzen Tag über Mantren, wie zum Beispiel »Mir gelingt alles, was ich mir vornehme«, und richtete meine Aufmerksamkeit immer wieder auf Gefühle der Dankbarkeit und der Wertschätzung dafür, dass ich überhaupt die Chance bekommen hatte, ein Buch zu schreiben.

Dann versüßte ich mir den Schreibprozess, indem ich Musik hörte, während ich im Schlafanzug an meinem Küchentisch schrieb, eine große Tasse Kaffee neben mir, und visualisierte, wie ich später einmal auf diese entscheidende Phase meines Lebens zurückblicken würde. Vor allem aber glaubte ich daran, dass das, was ich schrieb, meine Leidenschaft und mein wahres Wesen zum Ausdruck bringt. Ich vertraute darauf, dass das Buch in die Hände der Menschen gelangen würde, die es wirklich lesen wollten.

Nachdem ich das Manuskript abgegeben hatte, ließ ich es los. Ich wollte nicht darüber nachdenken, was ich hätte ändern oder ergänzen können, wenn ich mehr Zeit gehabt hätte. Ich überließ alles dem Universum. Erst kurz vor der Veröffentlichung nahm ich das Manuskript zur Hand und begann es zum ersten Mal zu lesen. Nach fünf Seiten hätte ich mich übergeben können. »Was für ein Müll«, sagte mein innerer Kritiker. Wieder musste ich mich zwingen, mich von diesen Gedanken zu lösen. Ich beschloss, nicht mehr auf mein negatives Selbstgespräch zu hören, meine klare Vision beizubehalten, groß zu träumen und nicht zuzulassen, dass meine Ängste und Zweifel die Ziele auf meinem Vision Board negativ beeinflussten. Ich habe meine Ängste und Zweifel nicht einfach ausgelöscht, aber ich habe sie mithilfe der Methoden, die ich in diesem und in meinem ersten Buch mit dir teile, **überwunden** und meine Manifestationsreise gestärkt fortgesetzt.

In der Reise der inneren Heilung und der Befreiung von Ängsten und Zweifeln sehe ich das größte Geschenk des Manifestierens. Ich lasse mich nicht mehr von meinen Unsicherheiten bestimmen und entziehe meinem inneren Kritiker die Macht, mein Verhalten, mein Auftreten in der Öffentlichkeit oder meine Erwartungen an die Zukunft zu kontrollieren. Ich nehme mir die Freiheit, meine Gefühle zu verarbeiten, egal wie unangenehm sie sind, und schenke mir ständig Mitgefühl. Auf diese Weise kann ich weiterhin mühelos und kraftvoll manifestieren. Ich weiß, dass auch du dazu in der Lage bist.

> ES WIRD IMMER WIEDER MOMENTE GEBEN, IN DENEN WIR AN UNS SELBST ZWEIFELN, IN DENEN SICH UNSERE EINSCHRÄNKENDEN GLAUBENSSÄTZE ODER UNSICHERHEITEN IN DEN VORDERGRUND SPIELEN UND UNS AUSBREMSEN WOLLEN, ABER MIT BEHARRLICHKEIT UND DEM TIEFEN WUNSCH, UNSER LEBEN POSITIV ZU VERÄNDERN, KÖNNEN WIR UNS DAVON BEFREIEN. WERDE DIR ALL DER SUBTILEN UND HEIMTÜCKISCHEN EINFLUSSMÖGLICHKEITEN DEINER ÄNGSTE UND ZWEIFEL BEWUSST. BEFREIE DICH VON IHRER MACHT, HEILE DEINE VERLETZUNGEN UND DU WIRST IMMER MEHR AUFBLÜHEN, DICH WEITERENTWICKELN UND MEHR FÜLLE IN DEIN LEBEN ZIEHEN.

ENTWICKLE UND PRAKTIZIERE SELBSTLIEBE

»Triff nur Entscheidungen, die dein Selbstbild, deine Selbstachtung und dein Selbstwertgefühl stärken.«

OPRAH WINFREY

ÜBERBLICK

- Selbstliebe ist die treibende Kraft des Manifestierens.
- Selbstliebe ist kein eigenständiger Schritt in diesem Prozess, sie bildet vielmehr das Fundament aller Schritte.
- Durch praktizierte Selbstliebe zeigen wir dem Universum, was wir unserer Meinung nach verdienen, und davon hängt ab, was wir in unser Leben ziehen.
- Selbstliebe bedeutet für mich vor allem, uns unserer Wahlmöglichkeiten und der Entscheidungen, die wir in jedem einzelnen Moment treffen, bewusst zu werden.
- Frag dich stets: »Ist mein Handeln wirklich geprägt von bedingungsloser Selbstliebe?«

- Die höchste Form der Selbstliebe besteht darin, das, was du heute brauchst, perfekt mit dem in Einklang zu bringen, was dein zukünftiges Selbst brauchen wird.

Selbstliebe nimmt direkten Einfluss auf unsere Erfahrungen und darauf, wie wir die Welt um uns herum wahrnehmen, wie wir uns verhalten und wie kraftvoll wir manifestieren.

Eine Frage, die mir oft gestellt wird, lautet: »Wie kann ich meine Ziele proaktiv erreichen, ohne mir ständig Gedanken darüber zu machen, was andere denken?« Wer kennt das nicht? Wie oft hast du nicht um Hilfe gebeten, nicht den Job gewechselt, nichts in den sozialen Medien gepostet, dich eingeschränkt oder nichts Neues ausprobiert, weil du Angst hattest, von anderen verurteilt zu werden? **Wir zögern, den nächsten notwendigen Schritt zu tun, weil uns die Angst vor der Bewertung lähmt.** Wir legen viel zu viel Wert darauf, was andere von uns denken könnten, und sind besessen von dem Wunsch, von allen gemocht zu werden. Wir erwarten, dass andere uns das Gefühl geben, wertvoll zu sein, geliebt und geschätzt zu werden. Auf der Suche nach Anerkennung prüfen wir ständig, wie viele Likes wir bekommen, wie das Feedback des Chefs ausfällt oder wie oft wir eingeladen werden. Dadurch lassen wir uns unser Selbstwertgefühl von anderen diktieren.

Kürzlich unterhielt ich mich bei einem Abendessen mit einer Frau, die als Social Media Content Creator tätig ist, und sie brachte es perfekt auf den Punkt, wie sehr die Meinung anderer unser Selbstbild bestimmen kann. Sie sagte: »Manchmal gestalte ich ein Bild, das ich absolut gut finde. Ich halte es für guten Content, in den ich viel Zeit und Mühe investiert habe. Dann poste ich es auf Instagram. Wenn es nicht viele Likes bekommt, schaue ich mir das Bild an, das mir vor einer halben Stunde noch richtig gut gefallen hat, und denke: ›Eigentlich mag ich es gar nicht, es ist totaler Müll.‹«

Unser Selbstbild kann durch das Feedback anderer völlig verzerrt werden, das heißt, wir machen unseren Selbstwert von äußeren Einflüssen abhängig. **Wir manifestieren, wovon wir glauben, es verdient zu haben. Wenn unser Selbstwertgefühl nicht auf einem starken inneren Fundament beruht, sondern auf der oberflächlichen und sich jeden Moment ändernden Meinung anderer, wie können wir dann kraftvoll und kontinuierlich Fülle in unser Leben ziehen?**

WIE SCHAFFEN WIR ES, NICHT STÄNDIG NACH BESTÄTIGUNG VON AUSSEN ZU SUCHEN, SONDERN UNS AUF UNSERE INNERE BESTÄTIGUNG AUSZURICHTEN?

Zuerst müssen wir verstehen, woher unser Bedürfnis nach äußerer Bestätigung kommt. Ich kann nachvollziehen, dass wir ein tiefes Bedürfnis nach Anerkennung durch andere haben. Von klein auf haben wir gelernt, dass wir unseren Eltern oder Erziehungsberechtigten gehorchen, auf sie hören und uns nach ihnen richten müssen, um *liebenswert* zu sein. Gleichzeitig wurde uns eingetrichtert, was und wer wir nicht sein dürfen. Wir wurden darauf konditioniert, so zu sein, wie es andere von uns erwarten. So haben wir gelernt, dass Liebe nicht bedingungslos, sondern an Bedingungen geknüpft ist, zum Beispiel: »Wenn du ein guter Junge oder ein gutes Mädchen bist, bin ich stolz auf dich und liebe dich, aber wenn du böse bist oder etwas tust, was ich nicht gut finde, werde ich böse auf dich und entziehe dir meine Liebe.«

Diese Muster setzen sich auch fort, wenn wir älter werden: Wir suchen die Anerkennung von Lehrkräften, von Gleichaltrigen, von unseren Lebenspartnern und natürlich von der Gemeinschaft und der Gesellschaft. **Wir basteln ständig an unserer Vorstellung davon, wer und wie wir sein sollten, um liebenswert zu sein.** Diese Version von uns selbst präsentieren wir nach außen hin und verlieren gleichzeitig das Gefühl dafür, wer und wie wir wirklich sind. Kein Wunder, dass so viele ihr Selbstwertgefühl von der Anerkennung anderer ableiten und von ihnen erwarten, dass sie uns sagen, ob wir unsere Sache gut machen und wertvoll sind. Und dass es unangenehm sein kann, die Normen zu brechen, weil wir so sehr darauf konditioniert sind, es den Menschen um uns herum recht zu machen.

»Wir sehen die Dinge nicht so, wie sie sind, wir sehen sie so, wie wir selbst sind.«[3]

ANAÏS NIN

Das Problem mit der Bestätigung von außen besteht darin, dass sie fragil ist, ein falsches Gefühl von Sicherheit vermittelt und dir jederzeit wieder entzogen werden kann. Denn was andere über dich denken, hat nichts mit dir zu tun. Was wir von anderen Menschen wahrnehmen und was andere über uns denken, hängt von vielen inneren Faktoren ab: von vergangenen Erfahrungen, Erinnerungen, der momentanen Gefühlslage und dem eigenen Selbstbild. Ob andere Menschen dich mögen und akzeptieren, ist also nur ein Spiegelbild ihrer eigenen Gefühlswelt. Das Gleiche gilt, wenn sie dich nicht mögen oder ablehnen.

Vor diesem Hintergrund ist es wenig sinnvoll, so viel Energie und Aufmerksamkeit darauf zu verwenden, die Anerkennung anderer zu gewinnen, wenn es in Wirklichkeit nichts mit dir und alles mit ihnen zu tun hat. Um unser Selbstwertgefühl auf ein stabiles Fundament zu stellen, das uns auf unserer Manifestationsreise stärkt, müssen wir uns stattdessen auf die **innere Bestätigung** konzentrieren. Dazu müssen wir uns selbst annehmen, akzeptieren und lieben. Das erfordert, dass wir unseren Entscheidungen vertrauen und unser Selbstwertgefühl an dem ausrichten, was wir über uns selbst denken.

---

3 Nin, Anaïs (1988): *Labyrinth des Minotaurus*, München, dtv

Als ich begann, an meiner Selbstentwicklung zu arbeiten, musste ich mich immer wieder bewusst daran erinnern, die innere Stimme zu ignorieren, die mich ständig fragte, was andere wohl über mich sagen oder denken. Ich wusste, dass mich viele in meinem Alter als »Partygirl« und Süchtige sahen, und ich nahm an, dass sie meinem »neuen Ich« weder vertrauen noch es unterstützen würden. Ich arbeitete hart daran, mein Verhalten nicht von meinen Ängsten und Sorgen, was andere denken könnten, bestimmen zu lassen. So habe ich zum Beispiel darauf geachtet, in den sozialen Medien immer über die Dinge zu schreiben, die mir wichtig sind (wie zum Beispiel psychische Gesundheit und Selbstentwicklung), und ich habe mich nie gescheut, mich verletzlich zu zeigen und offen über meine Entwicklung zu sprechen. Was ich zu sagen hatte, war authentisch, und ich wusste, dass ich damit Menschen mit derselben Schwingung erreichen konnte, die sich mit mir verbinden würden, weil ich wirklich so bin, wie ich bin, und mich nicht verstelle. Seit ich mein erstes Buch veröffentlicht habe, ist mir das noch wichtiger geworden. Da ich meine Botschaft mit immer mehr Menschen teile, bin ich viel offener für Kritik und Beurteilung als früher. Wenn ich weiterhin so viele Menschen wie möglich ermutigen, inspirieren und meine Berufung erfüllen möchte, muss ich damit leben, dass nicht jeder mit mir oder meinen Aussagen einverstanden ist. Mein Selbstwertgefühl muss also von innen heraus kommen.

Anstatt ständig die Anerkennung anderer zu suchen, sollten wir uns die Frage stellen: Gefällt uns, wer wir

sind? Gefällt uns, was wir tun? Haben wir Respekt vor uns selbst? Sind wir stolz auf uns? Sind wir davon überzeugt, dass wir Fülle verdienen?

EIGENE ENTSCHEIDUNGEN TREFFEN

Wie oft erwartest du von anderen eine Bestätigung für deine Entscheidungen? Rufst du ständig Freunde, deine Partnerin oder deinen Partner oder Familienmitglieder an, um dir bei den einfachsten wie wichtigsten Entscheidungen helfen zu lassen? Was soll ich heute Abend essen? Welches Bild soll ich posten? Soll ich diese SMS verschicken? Was soll ich meinem Chef sagen? Was soll ich anziehen? Soll ich meinen Partner verlassen? Soll ich mich auf diese Stelle bewerben?

Natürlich ist es ganz normal, dass wir die Meinung der für uns wichtigsten Menschen hören wollen, **aber es wird zum Problem, wenn wir uns darauf verlassen, dass sie uns unsere Entscheidungen abnehmen.**

Für die innere Bestätigung brauchen wir **Selbstvertrauen.** Wir bauen es auf, indem wir unsere eigene Meinung in den Vordergrund stellen, uns immer besser darin fühlen, eigene Entscheidungen zu treffen und unserer Intuition zu vertrauen. Ich möchte dich ermutigen, dies zu trainieren, indem du vor anstehenden Entscheidungen eine kurze Selbstreflexion durchführst:

1. Welche Wahlmöglichkeiten habe ich?
2. Was halte ich für die richtige Wahl?
3. Passt diese Entscheidung wirklich zu mir?
4. Passt diese Entscheidung zu meiner Zukunftsvision?
5. Warum treffe ich diese Entscheidung?
6. Stehe ich hinter meiner Entscheidung?

Das Gefühl, den eigenen Entscheidungen zu vertrauen und sie wertzuschätzen, ohne ständig auf die Zustimmung oder Bestätigung anderer angewiesen zu sein, ist befreiend und stärkend. Je mehr wir uns darin üben, desto mehr orientieren wir uns an dem, was uns wirklich ausmacht – an unserem authentischen Selbst. Wir leben immer mehr nach unseren eigenen Vorstellungen. Gleichzeitig üben wir Selbstliebe und vertiefen unsere Manifestationskraft.

> WECHSLE VON ÄUSSERER BESTÄTIGUNG ZU INNERER BESTÄTIGUNG. IMMER WENN WIR BESTÄTIGUNG VON AUSSEN SUCHEN, GEBEN WIR UNSERE MACHT AB.

Übung

Ich lade dich ein, mithilfe der folgenden Übung darüber nachzudenken, wo du im Moment nach Bestätigung von außen suchst. Frag dich dann, wie du dir selbst diese Bestätigung geben kannst. Wenn du dich zum Beispiel nach der Liebe deines Partners oder deiner Partnerin sehnst, wie kannst du dir selbst diese Liebe geben? Wenn du alles dafür tust, damit deine Eltern stolz auf dich sind, wie kannst du selbst stolz auf dich sein? Wie kannst du dir selbst die Anerkennung geben, nach der du dich sehnst?

1. In welchen Bereichen suche ich im Moment die Bestätigung von anderen?

....

....

....

....

2. Welches Gefühl gibt mir diese Bestätigung (zum Beispiel: liebenswert, wertvoll, sympathisch zu sein)?

....

....

....

....

3. Wie kann ich mir selbst diese Bestätigung geben?

....

....

....

....

DAS BEDÜRFNIS, GEMOCHT ZU WERDEN

»Gib's auf, von allen gemocht werden zu wollen;
du magst doch auch nicht alle Leute!«

UNBEKANNT

Viele Menschen suchen nicht nur nach Bestätigung von außen, sondern sind auch geradezu versessen darauf, gemocht zu werden. Wir kontrollieren ständig, was wir sagen und tun, um die Menschen um uns herum zufriedenzustellen. Wir gehen auf Nummer sicher und vermeiden alles, was uns Kritik oder Ablehnung einbringen könnte. Es ist wirklich anstrengend und außerdem ein Ding der Unmöglichkeit, von allen gemocht zu werden. Kein Mensch auf der ganzen Welt wird von allen gemocht. Wirklich niemand! Denk nur an eine prominente Persönlichkeit oder an eine Person des öffentlichen Interesses: Sie wird von vielen geliebt, bewundert und verehrt, aber von mindestens ebenso vielen aus den gleichen Gründen abgelehnt, verurteilt und kritisiert.

Schließ Frieden mit der Tatsache, dass dich nicht alle lieben. Das ist nicht nur befreiend, sondern auch wichtig, um dein Verhalten an deinem authentischen Selbst und an der besten Version deines zukünftigen Selbst auszurichten. Es ist auch wichtig für deine Manifestationsreise. Denn Energie ist gerichtet, und du kannst deine Energie nicht auf deine Ziele und Visionen konzentrieren und dir gleichzeitig Gedanken darüber machen, ob andere dich mögen oder nicht. Überleg doch mal: Wenn du dir ständig den Kopf darüber zerbrichst, was andere denken oder sagen könnten, würdest du dann wirklich jemals das Risiko eingehen, das zu tun, was du tun musst, um über dich selbst hinauszuwachsen? Nein! Solange du an dem Bedürfnis festhältst, gemocht zu werden, wirst du dich bewusst und unbewusst immer wieder zurücknehmen und damit die Dinge, die du manifestierst, ständig beschneiden.

Wir alle müssen uns mit der Tatsache abfinden, dass uns nicht jeder mag. Meine Mutter sagte immer: »Du kannst es nicht allen recht machen.« Wie wahr! Ich möchte damit sagen: **Sei ganz du selbst.** Sei, wer du sein willst, konzentriere dich darauf, dich selbst zu mögen, stolz auf dich zu sein und authentisch du selbst und die Person zu sein, die du sein willst. Das ist Selbstliebe.

Übung

Schreib mindestens zwanzig Eigenschaften auf, die du an dir magst. Das können deine Vorzüge, Besonderheiten, Macken, typischen Charakterzüge, Vorlieben oder Hobbys sein.

1. ....
2. ....
3. ....
4. ....
5. ....
6. ....
7. ....

8. ……………………………………………………………
9. ……………………………………………………………
10. ……………………………………………………………
11. ……………………………………………………………
12. ……………………………………………………………
13. ……………………………………………………………
14. ……………………………………………………………
15. ……………………………………………………………
16. ……………………………………………………………
17. ……………………………………………………………
18. ……………………………………………………………
19. ……………………………………………………………
20. ……………………………………………………………

SELBSTMITGEFÜHL

Zum Thema Selbstliebe und wie wir sie entwickeln können, gibt es meines Erachtens eine wichtige Grundlage: Selbstmitgefühl. Für mich bedeutet Selbstmitgefühl, sanft und behutsam mit sich selbst umzugehen. Es bedeutet, das innere Kind in uns zu nähren und zu bemuttern. Es bedeutet, Verständnis für unsere Bedürfnisse zu haben. Und es bedeutet, uns Raum zu geben, um das ganze Spektrum unserer Emotionen zu fühlen, auszudrücken und zu verarbeiten. Durch Selbstmitgefühl geben wir das Bedürfnis auf, »perfekt« sein zu wollen, und nehmen uns stattdessen so an, wie wir sind, in unserer großartigen Einzigartigkeit.

Selbstmitgefühl eröffnet uns einen sicheren Raum, in dem wir wachsen, unsere Komfortzone verlassen und zur besten und kraftvollsten Version von uns selbst werden können. In *Manifestiere!* spreche ich über die Bedeutung von Selbstvergebung und Urteilslosigkeit, und Selbstmitgefühl spielt dabei eine wichtige Rolle. Wir alle kennen Momente im Leben, in denen wir uns im Nachhinein fragen: »Wie konnte ich nur?« Darauf können wir entweder mit einer niedrig schwingenden Selbstverurteilung antworten – oder wir entscheiden uns für eine Antwort, die von Selbstmitgefühl getragen ist. Selbstmitgefühl eröffnet dir eine sanfte und freundliche Sichtweise, die dir guttut und die du verdienst: Was auch immer passiert ist und was auch immer du getan hast, du hast einfach nur so gehandelt, wie es dir damals richtig erschien, und manchmal war der Grund dafür Schmerz, Unsicherheit oder Verletztheit. Selbstmitgefühl bedeutet: »Ich verurteile nicht, ich vergebe.«

Stell dir vor, du hilfst einem Kind, das zum ersten Mal Fahrrad fährt. Was würdest du tun, wenn es hinfällt und dann Angst hat, es noch einmal zu probieren? Du würdest Mitgefühl zeigen, oder? Sanft und geduldig würdest du das Kind ermutigen, weiterzufahren. Deine Freundlichkeit und dein Mitgefühl würden das Kind motivieren, es noch einmal zu versuchen, zu lernen und zu wachsen. Gleichzeitig würde sein Selbstvertrauen steigen. Aber wie gehen wir mit uns selbst um, wenn wir in Schwierigkeiten geraten, scheitern oder Angst haben? Wir beschimpfen, kritisieren und verurteilen uns. Wie wäre es, wenn wir uns selbst so liebevoll und freundlich behandeln würden wie ein kleines Kind? Würde uns das nicht helfen, unsere Komfortzone zu verlassen und es immer wieder zu versuchen? Würde es uns nicht darin bestärken, zu wachsen und zu lernen? Erkennst du, wie wunderbar Selbstmitgefühl unsere Manifestationskraft beeinflussen kann?

Sei nicht mehr so hart zu dir selbst

In welchen Situationen bist du hart zu dir selbst? In welchen Bereichen verurteilst du dich permanent selbst? Hast du ständig ein schlechtes Gewissen, wie du deine Kinder erziehst, bist du überkritisch, wenn es um dein Aussehen geht, oder setzt du dich bei der Arbeit zu sehr unter Leistungsdruck?

Die folgende Übung soll dir helfen, herauszufinden, in welchen Lebensbereichen du zu hart mit dir ins Gericht gehst, um dann einen Weg zu finden, mehr Selbstmitgefühl mit dir zu haben. (Wenn dir die Übung schwerfällt, stell dir vor, du sprichst mit deiner besten Freundin oder deinem besten Freund über dieses Thema.) Vielleicht fühlst du dich schuldig, weil du nach der Arbeit nicht genug Energie hast, um mit deinen Kindern zu spielen. Dann könntest du dich vielleicht daran erinnern, dass du zur Arbeit gehst, um euren Lebensunterhalt zu verdienen, dass du dein Bestes gibst und dass jeder irgendwann an seine Belastungsgrenze stößt.

Übung

1. Wo ich zu hart zu mir bin:

....

....

....

....

2. Eine selbstmitfühlende Botschaft an mich selbst:

....

....

....

....

....

....

> MACH MITGEFÜHL ZUM VORHERRSCHENDEN AUSDRUCK VON LIEBE AUF DEINEM WEG DER MANIFESTATION UND DER INNEREN HEILUNG.

DU BIST EIN GESAMTPAKET

Solange ich denken kann, hatte ich wenig Selbstvertrauen. Nie hatte ich das Gefühl, gut genug zu sein. Ständig dachte ich darüber nach, was andere von mir hielten, und ließ zu, dass mein innerer Kritiker mich immer wieder niedermachte.

Ich erinnere mich, wie ich mich an meine Freundin Lily wandte. Sie strotzt nur so vor Selbstvertrauen und Stärke. Sie ist ganz sie selbst, und es überrascht nicht, dass sie immer die Erste ist, die die Frauen in ihrem Umfeld unterstützt, anspornt und aufmuntert. Sie überträgt ihre Selbstliebe auf andere. Ich habe Lilys Selbstvertrauen immer bewundert und sie irgendwann gefragt, was ihr Geheimnis sei. Sie sagte: »Roxie, du musst dich als Ganzes sehen. Hör auf, dich nur auf deine negativen Eigenschaften zu konzentrieren und dich darüber zu definieren.«

Da habe ich es endlich verstanden: **Wir sehen in uns nur das, was wir nicht sind, anstatt unsere Aufmerksamkeit auf das zu richten, was wir bereits sind.** Ich trat einen Schritt zur Seite und betrachtete mich als eine Art »Gesamtpaket«: Ich bin Mutter, Freundin, Tochter, Coach, ich lerne und wachse ständig, ich bin offen und ehrlich, ich bin selbstbewusst und es erfüllt mich, anderen zu helfen. Ich bin so vieles! **Und das gilt auch für dich.** Du bist so viel mehr, als dein innerer Kritiker dir einzureden versucht. Auch du bist ein Gesamtpaket! Du hast der Welt und den Menschen um dich herum sehr viel zu bieten. Je mehr du dich auf das konzentrierst, was dich so wunderbar einzigartig macht, desto mehr wirst du dich selbst lieben und desto kraftvoller wirst du manifestieren.

Übung

Such ein Foto von dir, das du am liebsten magst, klebe es in die Mitte eines Blattes und schreib um das Bild herum Wörter oder Sätze, die dich am besten charakterisieren. Am Ende der Übung ergibt das ein vollständiges Bild von dir, deinen Gaben und Besonderheiten.

1. Schritt: Such ein Lieblingsfoto von dir und drucke es aus.
2. Schritt: Klebe das Bild in die Mitte eines dickeren Papiers oder eines Kartons.
3. Schritt: Schreib um das Bild herum alles auf, was typisch für dich ist. So entsteht ein umfassendes Porträt von dir mit allem, was du der Welt zu bieten hast.
4. Schritt: Häng das Blatt so auf, dass du es immer sehen und dich an deine wunderbare Einzigartigkeit erinnern kannst.

WAS SOLL ICH TUN, WENN ANDERE MICH FÜR ARROGANT HALTEN?

Ich stelle fest, dass vor allem wir Frauen befürchten, »arrogant« zu wirken, weshalb wir uns oft nicht trauen, selbstbewusst aufzutreten. Anstatt uns selbst zu feiern, werten wir uns ab, weisen Komplimente zurück und sind übervorsichtig, um ja nicht als zu selbstbewusst zu gelten. In unserer Kultur und Gesellschaft wurden selbstbewusste Frauen, die ihren Mund aufgemacht und unverblümt ihre Meinung kundgetan haben, ohne sich selbst zu verleugnen, regelrecht stigmatisiert. Das hat die unbewusste Überzeugung gefördert, dass Frauen unsympathisch wirken, wenn sie »zu selbstbewusst« sind. Bitte mach dir bewusst, dass Selbstbewusstsein rein gar nichts mit Arroganz zu tun hat. Man kann gleichzeitig selbstbewusst und bescheiden, freundlich und stark, direkt und mitfühlend sein. Tatsächlich können wir andere umso mehr inspirieren, feiern und ermutigen, je mehr Selbstvertrauen wir haben.

Ändern wir dieses Narrativ! Hören wir auf, uns kleinzumachen, damit andere sich gut fühlen. Hören wir auf, Selbstvertrauen mit Arroganz gleichzusetzen. Erlauben wir uns und anderen, zu glänzen.

Du verdienst es, dich selbst zu lieben. Du verdienst es, dich wertvoll zu fühlen. Lass zu, dass Selbstliebe und Selbstmitgefühl auf deiner Manifestationsreise den inneren Kritiker, der dich jahrelang gequält hat, ausschalten. Achte auf deine Gedanken. Wenn sich die innere Stimme des Selbsthasses oder der Selbstverurteilung zu Wort meldet, sag: »NEIN, das will ich nicht mehr«, und rede stattdessen freundlich mit dir. Ersetze bewusst und mit Nachdruck alle niedrig schwingenden Gedanken. Stell die innere Bestätigung über die äußere und denk daran, dass deine eigene Meinung über dich am wichtigsten ist. Vergiss nicht: Je authentischer du bist und je mehr du dich selbst liebst, desto leichter manifestierst du und empfängst die Fülle des Universums.

ERHÖHE DEINE SCHWINGUNG INNERHALB VON ZWEI MINUTEN

Ergänze die folgenden Sätze:

Ich bin dankbar für …

....

Ich bin stolz auf …

....

Ich fühle mich inspiriert durch …

....

Ich erwarte …

....

Am meisten mag ich an mir …

....

SCHRITT 3

RICHTE DEIN VERHALTEN NEU AUS

»Nur wenn deine Intention und dein Handeln übereinstimmen, kannst du die Realität erschaffen, die du dir wünschst.« [4]

STEVE MARABOLI

---

4 Maraboli, Steve (2009): *Life, the Truth, and Being Free*, o. O.

ÜBERBLICK

- Dein Verhalten auszurichten, bedeutet, dem Universum durch dein Handeln zu signalisieren, was du glaubst zu verdienen. Denn dein Verhalten ist ein direktes Spiegelbild deines Selbstwertgefühls.
- Manifestieren ist nichts Passives; du musst proaktiv daran arbeiten, die Dinge, die du dir wünschst, in dein Leben zu ziehen.
- Tu einfach so, als wärst du bereits dein zukünftiges Selbst, und verhalte dich entsprechend.
- Auf deiner Manifestationsreise musst du deine Komfortzone verlassen. Das ist nicht verhandelbar.
- Magie geschieht außerhalb deiner Komfortzone.
- Richte dein Verhalten auf dein authentisches Selbst aus, denn nur dann bist du wirklich magnetisch.
- Entwickle gesunde Verhaltensweisen, um deine Selbstliebe zu entwickeln, und verhalte dich so, wie es dein zukünftiges Ich tun würde.

Ich habe von vielen meiner Leserinnen und Lesern gehört, dass eine ihrer wichtigsten Erkenntnisse aus *Manifestiere!* ist, dass es nicht ausreicht, einfach nur zu visualisieren, was man in sein Leben ziehen möchte. **Manifestieren erfordert, dass du dich wirklich anstrengst und proaktiv bist.** Es funktioniert einfach nicht ohne harte Arbeit, vollen Einsatz und Ausdauer.

Du stehst in einem ständigen Dialog mit dem Universum, deshalb ist es so wichtig, dein Verhalten entsprechend auszurichten. Mit allem, was du tust, zeigst du dem Universum, wie sehr du davon überzeugt bist, Fülle zu verdienen. Alles ist wichtig: wie du dich selbst behandelst, die Grenzen, die du setzt, wie respektvoll du mit deinem Körper umgehst, die Beziehungen, in die du Energie investierst, wie du dein Leben gestaltest, deine Gewohnheiten und Routinen. **Um eine Veränderung zu bewirken, musst du selbst die Veränderung sein.**

Die Frage, die wir uns auf unserer Manifestationsreise stellen müssen, lautet: **»Wie kann ich mich selbst und mein Verhalten verändern, um eine Veränderung in meiner Realität zu bewirken?«** Für eine kraftvolle Transformation braucht es keine dramatischen Veränderungen. Im Gegenteil: **Oft sind es die subtilen Veränderungen, die bei konsequenter Umsetzung einen dauerhaften und höchst wirkungsvollen Wandel bewirken.**

Hier sind einige Übungen, um für dich zu klären, wie du dein Verhalten ausrichten und welche Veränderungen du vornehmen kannst, um die stärkste Version von dir selbst zu entfalten.

Übung

Die wichtigste Frage, die du dir vor deiner Manifestationsreise stellen solltest, lautet: »Wer möchte ich in Zukunft sein?« Denk darüber nach, bevor du die folgenden Fragen beantwortest.

Visualisiere zuerst dein zukünftiges Ich in fünf Jahren. Es geht nicht darum, dir vorzustellen, was du haben oder erreichen willst. Denk einfach darüber nach, wie diese Version von dir fühlt, denkt, sich verhält, handelt und wie sie auf ihre Umwelt reagiert.

Beantworte die Fragen aus der Perspektive deines stärksten zukünftigen Ichs und beginne deshalb eine jede Antwort mit »Ich bin …« oder »Ich tue …«.

1. Wie empfindest du dich? Was magst du am meisten an der Person, die du geworden bist? Wie liebevoll gehst du mit dir selbst um?

....

....

....

....

2. Was tust du für Körper und Seele? Wie sieht dein Tagesablauf aus und welche gesunden Verhaltensweisen praktizierst du täglich?

....

....

....

....

....

3. Wie fühlst du dich in den wichtigsten Beziehungen deines Lebens? Wie kommunizierst du deine Bedürfnisse und wie reagierst du auf die Bedürfnisse deiner Mitmenschen?

....

....

....

....

4. Welche Grenzen setzt du und welche sind dir besonders wichtig? Welche Verhaltensweisen anderer kannst du zum Beispiel nicht tolerieren, oder welche Grenzen setzt du, um deine Work-Life-Balance zu wahren?

....

....

....

....

5. Wie verhältst du dich bei der Arbeit? Welche Eigenschaften und Verhaltensweisen helfen dir dabei, im Beruf Höchstleistungen zu erbringen?

....

....

....

....

....

6. Wie gehst du mit Problemen, Hemmnissen und Stress um? Wendest du bestimmte Methoden an?

....

....

....

....

7. Wie fühlst und verhältst du dich im Umgang mit anderen Menschen? Wie selbstsicher bist du?

....

....

....

....

8. Fällt es dir leicht, deine Gefühle oder Wünsche zu äußern und Dinge abzulehnen, die dir nicht mehr dienen?

....

....

....

....

9. Welche Verhaltensweisen, Verhaltensmuster oder Gewohnheiten hast du abgelegt, weil du erkannt hast, dass sie nicht deinem höchsten Selbst dienen?

....

....

....

....

10. Nimmst du dir Zeit zum Ausruhen, für Abwechslung oder aufregende Aktivitäten?

....

....

....

....

Denk über deine Antworten nach und überleg dir, wo du im Moment stehst. Was machst du noch nicht? Warum ist das so? Warum tust du nicht das, von dem du weißt, dass es dich wirklich weiterbringen würde? Liegt es an einer Angst? Oder liegt es daran, dass du so eingefahren bist, dass du immer das Gleiche tust?

Alles, was du aufgeschrieben hast, kannst du jetzt sofort in die Tat umsetzen. In *Manifestiere!* stelle ich das Konzept »Fake it until you become it« vor (Deutsch: Tu einfach so, bis du bist, was du vorgibst zu sein). Und genauso machst du es! Schlüpf in die Rolle deines zukünftigen Ichs und fang noch in dieser Sekunde an, vorzutäuschen, so zu sein, bis du irgendwann wirklich so bist.

Schreib dir bitte zehn machbare Veränderungen auf, die du sofort vornehmen kannst, um dein Verhalten auf dein zukünftiges Selbst auszurichten, das du oben beschrieben hast.

1. ....
2. ....
3. ....
4. ....

5. ....
6. ....
7. ....
8. ....
9. ....
10. ....

Falls dir keine zehn Veränderungsmaßnahmen einfallen sollten, dann tritt der »Manifest with Roxie«-Facebook-Gruppe bei, wo du Anregungen findest.

Meine Verpflichtung

Ich verpflichte mich, die oben genannten zehn Veränderungen umzusetzen, weil ich weiß, dass ich selbst die Veränderung sein muss, um etwas zu verändern. Ich verpflichte mich dazu, weil ich es wert bin und es verdiene, die kraftvollste Version meiner selbst zu entfalten.

Unterschrift ....

Datum ....

Viele sind viel zu sehr in der Bequemlichkeit des Altbekannten gefangen. Aus Gewohnheit kleben wir dann oft an Beziehungen, Jobs und Verhaltensmustern, die uns längst nicht mehr dienen, und definieren uns über sie. **Darin liegt die Gefahr, dass wir uns von diesen Dingen einengen lassen.**

Ich möchte das an einem Beispiel etwas anschaulicher machen: Eine meiner Freundinnen kam immer und überall zu spät. Wahrscheinlich hast du auch so eine Freundin oder bist im Zweifelsfall sogar selbst so eine Freundin. Sie hatte immer eine Ausrede parat, zum Beispiel: »Weißt du, Zeitmanagement ist eben nicht so mein Ding« oder »Gib mir einfach einen früheren Zeitpunkt an, dann bin ich wirklich pünktlich, wenn ich wieder zu spät komme«. Im Grunde wollte sie mir damit sagen: »So bin ich nun mal, also ändere du dich, damit du nicht wieder so frustriert bist, wenn ich das nächste Mal unpünktlich bin.« Diese Freundin hatte sich tatsächlich so sehr daran gewöhnt, ständig zu spät zu kommen, dass die Unpünktlichkeit zu einem Teil ihrer Persönlichkeit geworden war und **sie ihr Verhalten an dieser Version von sich selbst ausrichtete.**

Bisher hatte es ihr nichts ausgemacht, immer zu spät zu kommen, aber nach und nach bekam sie negative Konsequenzen zu spüren. Sie erzählte mir, dass ihre Kolleginnen und Kollegen mittlerweile abfällige Bemerkungen über sie machten und dass ihr Chef sie zu sich zitiert habe, um ihr mitzuteilen, dass ihre ständige Verspätung inakzeptabel sei. Er verlangte von ihr, ab sofort pünktlich zu sein. Meine Freundin erklärte mir, dass sie sich oft überfordert fühle, weil sie durch ihr schlechtes Zeitmanagement ständig in Hektik sei und deshalb in Dauerstress gerate.

Ich bat sie, darüber nachzudenken, wie lange sie sich schon als immer unpünktlichen Menschen bezeichnete. Sie antwortete, so lange sie denken könne. Ich fragte sie, ob sie jemals daran gedacht habe, das zu ändern. »Nein, ich bin einfach so«, meinte sie. Ich bat sie, zu visualisieren, wie eine stärkere Version von sich selbst ihre Zeit besser managen würde und wie es sich anfühlen könnte, wenn sie im Alltag weniger unter Zeitdruck stünde. Ich schlug ihr vor, auf ihr inneres Selbstgespräch zu achten und Sätze wie »Ich bin immer zu spät dran und habe ein schlechtes Zeitmanagement« durch Formulierungen wie »Ich habe ein besseres Zeitmanagement als je zuvor« oder »Ich bin stolz auf meine Veränderungsbereitschaft« zu ersetzen.

Dann ermutigte ich sie, praktikable Ansätze für Veränderungen zu suchen, wie zum Beispiel sich einen Wecker zu stellen, einen Zeitplan zu entwickeln und sich jeden Morgen Zeit zu nehmen, um ihre Fahrzeiten sorgfältig zu planen, damit sie genau einschätzen konnte, wann sie das Haus oder die Arbeit verlassen musste. Durch konsequentes Training schaffte sie es in kurzer Zeit, ihren selbst gewählten Titel »die Frau, die immer zu spät kommt« loszuwerden.

Natürlich ist es bequem, einfach so weiterzumachen wie bisher, ohne wirklich etwas zu verändern. Um den Wandel, den wir uns für unser Leben wünschen, auch wirklich herbeizuführen, müssen wir uns erst einmal dafür öffnen, dass es einen anderen und viel kraftvolleren Weg gibt, die Dinge anzugehen.

Jahrzehntelang war ich der festen Meinung, ich sei dazu bestimmt, unglücklich zu sein. In meiner Kindheit wurde mir nicht vorgelebt oder beigebracht, wie man ein glückliches Leben führt – im Gegenteil: Ich lernte, dass Gefühle der Traurigkeit, der ständigen Unzufriedenheit und des Unglücklichseins der Normalzustand des Lebens sind. Im Laufe der Zeit hatte ich mich so sehr an mein geringes Selbstwertgefühl und meine Unfähigkeit, Zufriedenheit und Freude zu empfinden, gewöhnt, dass ich fest davon überzeugt war, wirklich so zu sein. Ich definierte mich durch dieses Selbstbild und durch das, was andere über mich sagten: dass ich faul, erbärmlich und süchtig sei. Ich erlaubte mir, dem Narrativ »So bin ich eben« zu erliegen, und blieb in diesem Zustand, definiert und eingeschränkt durch diese Überzeugungen, Zuschreibungen und Verhaltensmuster. Für alles, was ich tat, hatte ich die perfekte Entschuldigung, denn ich war fest davon überzeugt, dass ich so bin, wie ich bin, und es deshalb sinnlos wäre, mich zu ändern.

Erst als ich das Buch *Selbstvertrauen gewinnen. Die Angst vor der Angst verlieren* von Susan Jeffers las, wurde mir klar, dass ich selbst dafür verantwortlich war, in diesem Kreislauf des Unglücks gefangen zu sein, und dass ich allein dafür zuständig war, das Narrativ zu ändern und meine eigene Geschichte zu schreiben. Als ich das Manifestieren entdeckte und mich auf meine innere Heilungsreise begab, musste ich erst alle Etiketten und Vorstellungen darüber, wer ich war, sowie alle Teile, die nicht mehr mit meinem höchsten Selbst übereinstimmten, loslassen. Danach konnte ich mir erlauben, mich anders zu verhalten. Mit anderen Worten: Ich musste mein Verhalten darauf ausrichten, wer ich werden wollte.

> DU MUSST DICH NICHT ÜBER DIE PERSON DEFINIEREN, DIE DU EINMAL WARST. DU MUSST DICH NICHT LÄNGER ALS MENSCHENFREUND BEZEICHNEN UND DAS UNBEWUSST ALS AUSREDE BENUTZEN, UM DICH IMMER WIEDER AN DIE LETZTE STELLE ZU SETZEN. LASS DIE ANTEILE VON DIR LOS, DIE DIR NICHT MEHR DIENEN UND DIE NICHT MEHR MIT DER HÖCHSTEN, KRAFTVOLLSTEN VERSION DEINER SELBST ÜBEREINSTIMMEN. GIB DIR DIE FREIHEIT, DICH ZU VERÄNDERN UND ZU WACHSEN, DAMIT DU DIE VERÄNDERUNG SEIN KANNST, DIE DU IN DEINEM LEBEN BEWIRKEN WILLST.

Übung

Ich lade dich ein, darüber nachzudenken, was dich im Moe ment blockiert: deine Anteile, dein Verhalten, dein Leben. Solange wir in dem gefangen sind, was uns blockiert, können wir die nächste Stufe nicht erreichen. Sei bei der Beantwortung dieser Fragen so ehrlich und offen wie möglich zu dir selbst:

1. Welche Verhaltensmuster blockieren dich?

....

....

....

....

....

2. Welche Beziehungen in deinem Leben sind nicht mehr im Einklang mit deinem höchsten Selbst?

....

....

....

....

....

3. Welche Vorstellungen hast du von dir selbst, die sich nicht mehr im Einklang mit deinem zukünftigen Selbst befinden?

....

....

....

....

....

....

4. Gibt es etwas in deinem Leben, das eine alte Version deines Selbst repräsentiert und nicht mehr mit dem übereinstimmt, was du sein willst?

....

....

....

....

....

Ich möchte dich ermutigen, diese Informationen in den kommenden Wochen und Monaten zu nutzen, um Veränderungen einzuleiten. Die Antworten aus dieser Übung können dich durch einen Prozess der Erneuerung und des Loslassens führen.

Durch diese Übung hast du nicht nur damit begonnen, dich von den Anteilen in dir und deinem Leben zu befreien, die dich derzeit belasten, sondern du gewinnst auch ein besseres Verständnis für dein authentisches Selbst. Vergiss nicht: Authentizität ist magnetisch, und wenn du dein Verhalten darauf ausrichtest, bist du authentisch in Bezug darauf, wer du wirklich bist und wer du werden willst.

Rituale für jeden Tag, um dein Verhalten neu auszurichten

Alles, was wir tun, von der Minute, in der wir aufwachen, bis zur Minute, in der wir abends einschlafen, ist Ausdruck unseres Selbstwertgefühls und hat somit direkten Einfluss auf das, was wir manifestieren. **Das bedeutet, dass alles,**

was wir jeden Tag tun, unsere Zukunft maßgeblich bestimmt.

Ich habe eine Liste mit dreißig Ritualen für jeden Tag zusammengestellt, mit denen du dein Verhalten auf dein höchstes Selbst ausrichten und deine Manifestationsreise verstärken kannst. Such dir jeden Tag etwas davon aus.

1. Trink genug Wasser.
2. Mach dein Bett.
3. Nimm Vitamine zu dir.
4. Iss nahrhafte Kost.
5. Treib Sport.
6. Sorg für ausreichend Schlaf.
7. Sieh dir etwas an, das dich zum Lachen bringt.
8. Räum auf oder entrümple deine Wohnung.
9. Schau dir den Sonnenuntergang an.
10. Ruf deine beste Freundin an.
11. Tu etwas für andere Menschen.
12. Schreib fünf Dinge auf, die du an dir selbst magst.
13. Praktiziere Dankbarkeit.
14. Nimm ein Bad bei Kerzenschein.
15. Ruh dich aus, wenn du es brauchst.
16. Sag Nein zu Dingen, die du nicht tun willst.
17. Organisiere deine Zeit.
18. Zeig jemandem deine Liebe oder Dankbarkeit.
19. Mach ein Spiel.
20. Hör Musik, bei der du dich gut fühlst.
21. Lies ein gutes Buch.

22. Denk darüber nach, wie weit du gekommen bist.
23. Meditiere.
24. Erledige etwas, das du vor dir herschiebst.
25. Schreib in dein Tagebuch.
26. Mach Yoga oder dehne deinen Körper.
27. Tanze.
28. Wiederhole ein Mantra.
29. Setz dir tägliche/wöchentliche/monatliche Ziele.
30. Sprich mit dir selbst, als wärst du deine beste Freundin oder dein bester Freund.

VERLASS DEINE KOMFORTZONE

Bei jeder Manifestationsreise musst du deine Komfortzone verlassen. Das ist nicht verhandelbar. Denn wenn du immer nur das tust, was du schon immer getan hast, wirst du nichts verändern. In *Manifestiere!* erkläre ich den Zyklus der Selbstsabotage und wie unser Unterbewusstsein versucht, uns zum Gewohnten zurückzudrängen. Einfach ausgedrückt: Unser Unterbewusstsein will uns Sicherheit vermitteln, und alles, was ihm *vertraut* ist, hält es für sicher. Es unterscheidet nicht, ob das Vertraute gut oder schlecht ist, es strebt nur danach, dass du es bequem hast. Wenn du dich veränderst oder dein Verhalten neu ausrichtest, gerät dein Unterbewusstsein in Panik, nach dem Motto: »Das kenne ich nicht!« Oder: »Das ist unbequem.« Es versucht, dich in gewohnte Bahnen zu lenken, indem es dich zur Selbstsabotage verleitet.

Ein Beispiel: Wenn du dich in deiner Kindheit und Jugend in Beziehungen unsicher gefühlt hast, dann ist dir das vertraut und du suchst vielleicht später unbewusst nach Beziehungen, die dir genau dieses Gefühl der Unsicherheit geben. Bist du dann in einer gesunden Beziehung, in der du dich wirklich unterstützt fühlst, stellst du vielleicht fest, dass du die Beziehung selbst sabotierst, weil dein Unterbewusstsein versucht, dich aus dieser ungewohnten Situation zu befreien.

Um unser Verhalten auf unsere Manifestationen auszurichten, müssen wir uns angewöhnen, regelmäßig unsere Komfortzone zu verlassen, auch wenn es uns Unbehagen bereitet. Ich sehe darin eine Kompetenz, die wir uns aneignen müssen und die mit der Zeit immer besser wird. Der Schlüssel liegt im Zyklus der Selbstsabotage: Wenn wir verstehen, dass das unbehagliche Gefühl von unserer unbewussten Abneigung gegen Veränderungen herrührt, und wenn wir nicht davor weglaufen oder kapitulieren, können wir es überwinden. Denn Magie findet außerhalb der Komfortzone statt.

Um jeden Tag deine Komfortzone zu verlassen, musst du nicht Fallschirm springen, trotz deiner Angst Spinnen streicheln oder Marathon laufen. Ich glaube, so etwas Extremes würde dich eher aus deiner Komfortzone *herauskatapultieren.* Mir ist viel wichtiger, dass du einen gangbaren Weg aus deiner Komfortzone heraus findest. So könntest du zum Beispiel einen neuen Fitnesskurs testen, um deine Hemmungen abzubauen. Oder du probierst ein neues Rezept aus oder knüpfst neue Kontakte, indem du zum Beispiel mit einer Kollegin oder einem Kollegen zum Mittagessen gehst oder einem potenziellen Kunden eine E-Mail schickst, um die unangenehme Angst vor Zurückweisung effektiv und nachhaltig zu bekämpfen. **Sobald du dich daran gewöhnt hast, deine Komfortzone zu verlassen und immer mal wieder Neues auszuprobieren,** wird es dir immer leichter fallen, neue Chancen, die dich deinen Manifestationen näher bringen, zu erkennen und für dich zu nutzen.

Übung

Die Sieben-Tage-Challenge

Ich möchte, dass du dich selbst herausforderst, jeden Tag mindestens eine Sache zu tun, um deine Komfortzone zu verlassen. Such dir etwas aus, Hauptsache, du tust etwas, bei dem du dich unwohl fühlst, um auf diese Weise deinem höchsten Selbst zu dienen. Schreib in der nächsten Woche auf, wann und was du getan hast und wie du dich hierbei gefühlt hast.

1. Tag

1. Wie hast du deine Komfortzone verlassen?

....

2. Wie hast du dich dabei gefühlt?

....

2. Tag

1. Wie hast du deine Komfortzone verlassen?

....

2. Wie hast du dich dabei gefühlt?

....

3. Tag

1. Wie hast du deine Komfortzone verlassen?

....

2. Wie hast du dich dabei gefühlt?

....

4. Tag

1. Wie hast du deine Komfortzone verlassen?

....

2. Wie hast du dich dabei gefühlt?

....

5. Tag

1. Wie hast du deine Komfortzone verlassen?

....

2. Wie hast du dich dabei gefühlt?

....

6. Tag

1. Wie hast du deine Komfortzone verlassen?

....

2. Wie hast du dich dabei gefühlt?

....

7. Tag

1. Wie hast du deine Komfortzone verlassen?

....

2. Wie hast du dich dabei gefühlt?

....

Ich weiß, dass der Gedanke, die eigene Komfortzone zu verlassen, abschreckend sein kann, und ich weiß, wie einfach und verlockend es ist, es sich darin bequem zu machen. Aber das raubt uns Lebensqualität. Es hindert uns daran, wunderbare neue Dinge zu erleben, neue Chancen zu entdecken, die Grenzen unseres Verstandes und unserer Realität zu erweitern. Für ein erfülltes Leben müssen wir den unbewussten Wunsch, uns auf das Vertraute zu beschränken, loslassen und die Chance ergreifen, alles zu erleben, was die Welt zu bieten hat.

AUSREDEN ÜBER AUSREDEN

Ausreden sind eine Form der Selbstsabotage und Ausdruck unserer Ängste und Zweifel. Sie klingen oft so: »Ich habe zu viel zu tun / ich habe nicht die nötigen Mittel / ich habe keine Zeit / ich bin zu alt dafür / ich bin zu jung dafür / das ist nichts für jemanden wie mich …« Sie geben den einschränkenden Glaubenssätzen und der Unsicherheit dahinter Macht und hindern uns daran, so zu leben, wie wir es uns wünschen.

Um aktiv etwas zu verändern und unsere Wünsche zu verwirklichen, sollten wir darüber nachdenken, wann wir uns in Ausreden flüchten und wie wir das vermeiden können. Auf diese Weise kommen wir unseren Ängsten und Zweifeln auf die Spur. Indem wir sie entkräften, tragen wir aktiv dazu bei, sie zu überwinden. Anders gesagt: Jedes Mal, wenn du dir einredest, etwas nicht tun zu können (in Form einer Ausrede), und es dann doch tust, beweist du dir *und dem Universum*, dass du stärker bist als deine Ängste und Zweifel.

Übung

Mithilfe der folgenden Fragen kannst du deine Ausreden durchschauen, verstehen und sie hinter dir lassen.

Welche Ausreden hast du?

……………………………………………………………………

……………………………………………………………………

Inwiefern behindern dich diese Ausreden?

……………………………………………………………………

……………………………………………………………………

……………………………………………………………………

……………………………………………………………………

Welche Ängste und Zweifel stecken in Wahrheit dahinter?

……………………………………………………………………

……………………………………………………………………

……………………………………………………………………

……………………………………………………………………

Was würdest du tun, wenn du diese Ängste und Zweifel überwinden könntest?

……………………………………………………………………

……………………………………………………………………

……………………………………………………………………

……………………………………………………………………

Warum ist es gut, aktiv zu werden?

……………………………………………………………………

……………………………………………………………………

……………………………………………………………………

……………………………………………………………………

Wirst du jetzt tun, was du tun musst, oder willst du auch weiterhin Ausreden erfinden?

DU BIST SCHON BEREIT

Wir wissen, dass wir aus unserer Komfortzone heraustreten müssen, um unser Ziel zu erreichen. Wir müssen die Barrieren unserer Ängste und Zweifel durchbrechen und aktiv werden. **Ich bin davon überzeugt, dass dir schon längst klar ist, was du tun musst, wenn du das hier liest.** Du weißt, was zu tun ist, hast dir aber eingeredet, noch nicht bereit dafür zu sein. Vielleicht klingt es bei dir so: »Ich mache das, wenn … ich besser ausgestattet bin / mehr Zeit habe / erfahrener bin / mehr Selbstvertrauen habe …«

Ich will dir ein kleines Geheimnis verraten: **Du bist schon so weit.** Du hast bereits die Kraft in dir, um all die Dinge zu tun, die du zurzeit noch vor dir herschiebst. Du musst lediglich deine Angst spüren und trotzdem handeln. Tu was, sei proaktiv und lass deine Träume wahr werden.

Übung

Auf der nächsten Seite siehst du einen Kreis, der deine Komfortzone darstellt – also den Bereich, in dem du dich gerade befindest. Schreib rund um den Kreis herum alles auf, was du tun musst, um die nächste Stufe zu erreichen und der Mensch zu werden, der du sein willst. Im Laufe deiner Manifestationsreise kannst du zu dieser Seite zurückkehren und alles abhaken, was du bereits geschafft hast. Belohne dich selbst, wenn du alle Aufgaben erledigt hast – feiere dich dafür, dass du deine Komfortzone verlassen hast!

»Beiß mehr ab, als du kauen kannst … und dann kau weiter.«

JOE DE SENA

MEINE KOMFORTZONE

ERST DENKEN, DANN SOFORT HANDELN

Seit Kurzem erläutere ich in meinen Workshops mein Konzept »Erst denken, dann handeln«. Von verschiedenen Seiten wurde ich gefragt, wie man viele Ziele gleichzeitig manifestieren und die Tendenz zum Aufschieben (die, wie ich in *Manifestiere!* erläutere, durch Angst verursacht wird) ablegen kann. Erst habe ich überlegt, was ich für meine eigene Motivation tue und ob ich wirklich nach dem dritten Schritt des Manifestationsprozesses handle und lebe. Dabei wurde mir klar, dass mein Ansatz eigentlich ganz einfach ist: *Ich denke, und dann handle ich.* Es ist Teil meiner Methode, wie ich mein Verhalten auf die höchste Version meiner selbst mit dem Maximum an Selbstliebe ausrichte. Ich habe mir das regelrecht antrainiert.

Wenn mir etwas einfällt, das ich erledigen muss, *dann tue ich es auch.* Erhalte ich eine Rechnung, dann bezahle ich sie. Wenn mich jemand bittet, Kontakt zu einer bestimmten Person herzustellen, dann erledige ich das sofort. Nichts auf meiner To-do-Liste bleibt unerledigt und macht mich jedes Mal nervös, wenn ich sie durchgehe. Ich verschwende keine Zeit mit Prokrastination oder faulen Ausreden. Ich schiebe nichts mehr auf, weil ich weiß, wie gut es sich anfühlt, wenn etwas erledigt ist. Es ist, als hätte ich einen mentalen »Erst denken, dann sofort handeln«-Muskel entwickelt, der so gut trainiert ist, dass es mir leichtfällt, aktiv zu werden. Das erinnert mich an einen Satz, den ich einmal gehört habe: **»Tu es, bevor du bereust, es nicht getan zu haben.«** Wenn wir uns aktives Handeln angewöhnen, wird es etwas Selbstverständliches. Ich sehe darin eine weitere Form von Selbstliebe, weil ich damit mein zukünftiges Ich ehre und dafür sorge, dass ich mich heute gut fühle und morgen weniger gestresst bin.

Wenn ich sage, dass ich mir diese Haltung antrainiert habe, dann meine ich das tatsächlich so. Ich verhalte mich heute ganz anders als die Person, die ich früher war. In meiner Familie war ich als jüngstes von vier Kindern immer die »Faule«. Meine Geschwister sind engagierte und motivierte Ärzte, angestellt beim Staat. Meine Eltern sind aus dem Irak eingewandert, in bitterer Armut aufgewachsen und haben unglaublich hart gearbeitet, um für uns Kinder in Großbritannien eine Existenz aufzubauen. Ich dagegen lebte frei nach dem Motto: »Minimaler Aufwand, maximale Wirkung.« Ich brauchte immer mehrere Aufforderungen, bis ich endlich mal was tat, habe immer bis zur letzten Minute gewartet und alles nur halbherzig getan. Ich war orientierungslos, lustlos und hatte immer Ausreden parat, sehr zum Frust und zur Enttäuschung meiner Eltern. Ich erzähle dir das, weil ich der festen Überzeugung bin, dass du dich genauso gut weiterentwickeln kannst wie ich.

Deine Aufgabe lautet, das Motto **»Erst denken, dann sofort handeln«** zu deiner inneren Haltung zu machen. **Nimm dir vor, dich von nichts davon abbringen zu lassen, immer sofort zu handeln.** Hier ist mein bester Tipp für dich: Nutze deine Vorstellungskraft, um dich gedanklich in die Zukunft zu versetzen und dir zu überlegen, wie es dir gehen würde, a) nachdem du etwas erledigt hast, und b) wenn du es nicht getan hast.

Variante A fühlt sich immer besser an und ist deshalb die richtige Wahl. **Denk daran, dass deine Entscheidung wichtig ist, denn mit allem, was du tust, zeigst du dem Universum, wie sehr Du davon überzeugt bist, Fülle zu verdienen.**

Übung

Die Sieben-Tage-Challenge
Beobachte in den nächsten sieben Tagen, wann du Gelegenheit hast, aktiv zu werden und zu handeln – und wann du denkst und sofort handelst. Schreib es hier auf und notiere, wie du dich davor und danach jeweils gefühlt hast:

1. Tag
Was hast du gemacht?

....

....

Wie hast du dich vorher gefühlt?

....

....

Wie hast du dich hinterher gefühlt?

....

....

2. Tag

Was hast du gemacht?

....

....

Wie hast du dich vorher gefühlt?

....

....

Wie hast du dich hinterher gefühlt?

....

....

3. Tag

Was hast du gemacht?

....

....

Wie hast du dich vorher gefühlt?

....

....

Wie hast du dich hinterher gefühlt?

....

....

4. Tag

Was hast du gemacht?

....

....

Wie hast du dich vorher gefühlt?

....

....

Wie hast du dich hinterher gefühlt?

....

....

5. Tag

Was hast du gemacht?

....

....

Wie hast du dich vorher gefühlt?

....

....

Wie hast du dich hinterher gefühlt?

....

....

6. Tag

Was hast du gemacht?

....

....

Wie hast du dich vorher gefühlt?

....

....

Wie hast du dich hinterher gefühlt?

....

....

7. Tag

Was hast du gemacht?

....

....

Wie hast du dich vorher gefühlt?

....

....

Wie hast du dich hinterher gefühlt?

....

....

NIMM DIR ZEIT FÜR DICH ALLEIN

Wie oft verbringst du Zeit allein? Ich meine, wirklich allein. Auf dem Sofa liegen und durchs Handy scrollen, sich über soziale Medien mit anderen vernetzen oder mit deiner besten Freundin per WhatsApp Sprachnachrichten austauschen, zählt nicht. Nur wenige verbringen wirklich Zeit allein, was natürlich daran liegen kann, dass wir im Alltag ständig von Partnern, Familie, Kollegen oder Freundinnen umgeben sind.

Oder die Vorstellung, ganz ohne Ablenkung für uns allein zu sein, erscheint uns so bedrückend oder langweilig, dass wir es ganz bewusst vermeiden. Dabei ist es für deine Manifestationsreise unerlässlich, dir Zeit für dich selbst zu nehmen. In der Einsamkeit, ganz ohne Ablenkung, findest du den heiligen Raum, den du brauchst, um die sieben Schritte des Manifestierens zu vollziehen und dein Vision Board zu erstellen. Du musst ganz bei dir sein, dir einen angemessenen Rahmen schaffen, um deine Ängste und Zweifel zu reflektieren, zu verstehen und zu verarbeiten und um zu lernen, nur mit dir selbst zufrieden und entspannt zu sein. Das ist eine der schönsten Formen der Selbstliebe.

Während der Arbeit an diesem Buch war ich fünf Tage allein in Griechenland. Zuerst hatte ich ein wenig Angst davor, allein zu verreisen, aber als ich ankam, fühlte ich mich unglaublich leicht. Ich hatte Zeit, darüber nachzudenken, wo ich in meinem Leben stand, was ich erreicht hatte, wer ich geworden war und was noch geheilt werden musste. Ich hatte Zeit, um Tagebuch zu schreiben, zu meditieren und ein bisschen mehr über mein authentisches Selbst herauszufinden. Ich habe es wirklich sehr genossen, mit mir allein zu sein, und es hat mich stärker gemacht. Ich kam als ein anderer Mensch zurück, denn ich hatte einige alte Verletzungen losgelassen, die meine Aufmerksamkeit brauchten, und ich hatte mehr Klarheit über meine nächsten Schritte gewonnen.

Ich habe erkannt, was für eine tiefgreifende Erfahrung es ist, Zeit in Einsamkeit zu verbringen. Deshalb möchte ich dich ermutigen, darüber nachzudenken, wie du dir Raum für dich allein schaffen kannst. Vielleicht verreist du ohne Begleitung, nimmst vor dem Schlafengehen ein Bad, machst am Wochenende einen langen Spaziergang in der Natur oder planst ein »Date« mit dir selbst, zum Beispiel in deinem Lieblingsrestaurant oder in einem neuen Fitnesskurs. Je mehr du die Zeit allein genießt und je wohler du dich mit dir selbst fühlst, desto leichter fällt es dir, dich mit deiner magnetischen Authentizität zu verbinden.

Um dein Verhalten auszurichten, musst du aktiv werden und Präsenz zeigen. Wenn du etwas manifestieren willst, liegt es an dir, es auch zu tun. Du musst die Grenzen deiner Komfortzone überschreiten und es zu deiner Routine machen, aktiv zu werden. Lass alles von deiner Persönlichkeit los, was dir nicht mehr dienlich ist, und richte dein Verhalten auf dein höchstes Selbst aus, bis du wirklich diese Person bist.

GESTALTE DEINE MANIFESTATIONSREISE

In Zusammenarbeit mit *The Head Plan* habe ich schöne Produkte für die Selbstentwicklungsarbeit entwickelt, die dich auf deiner Manifestationsreise unterstützen können. Du kannst sie unter www.theheadplan.com bestellen.

1. Journal

Das Journal beinhaltet ein zwölfwöchiges Programm für Selbstliebe und Empowerment. Das Besondere daran ist, dass ich dich zwölf Wochen lang als Coach begleite. Das schließt wöchentliche Übungen zur Selbstreflexion, Seiten für tägliche Notizen, ein Dankbarkeitstagebuch, wöchentliche Rückblicke und vieles mehr ein.

2. Mantra-Karten

Ein Kartendeck mit 52 Mantra-Karten erhöht deine Schwingung. Misch die Karten, zieh eine Karte und wiederhole das jeweilige Mantra fünf Mal am Tag.

3. Kartendeck »Manifestiere!«

Die 52 Karten dieses Decks enthalten eine Inspiration für jeden Tag und die wichtigsten Inhalte meines Buchs *Manifestiere!*

4. Notizbuch

Nutze das Notizbuch für Eintragungen aller Art. Vielleicht wiederholst du darin einige Übungen aus diesem Buch.

SCHRITT 4

MEISTERE DIE PRÜFUNGEN DES UNIVERSUMS

»Gib dich nicht mit einem Leben zufrieden,
das weit unter deinem Potenzial liegt,
denn du wirst darin keine Erfüllung finden.«

NELSON MANDELA

ÜBERBLICK

- Auf jeder Manifestationsreise wirst du vor Prüfungen gestellt, die du bewältigen musst, bevor du weiterkommst.
- Sie begegnen dir, um deinen Selbstwert und dein Vertrauen in den Manifestationsprozess zu testen.
- Die Prüfungen kommen in Form von Hindernissen, Herausforderungen oder Personen, die dich veranlassen, dich mit weniger zufriedenzugeben, als du verdienst.
- Wenn die Dinge nicht so laufen, wie du es dir erhofft hast, ist das die größte Chance, für dich selbst einzustehen und innere Stärke, Resilienz und Mut zu entwickeln.
- Wenn du eine Prüfung durch das Universum meisterst, wirst du mit Fülle belohnt.

Ich habe das Gefühl, dass dieser Teil des Manifestationsprozesses den größten Einfluss darauf hat, wie ich auf die Dinge reagiere, die außerhalb meiner Kontrolle liegen. Manifestieren können bedeutet nicht, dass dein Leben perfekt wird und du alles kontrollieren und genau bestimmen kannst, wie es weitergehen soll. Im Gegenteil: Das Leben bringt immer neue Herausforderungen und Irrwege mit sich. Aber durch diesen Schritt gelingt es dir, diesen Dingen mit Resilienz und Stärke zu begegnen und die Wellen des Lebens mit viel mehr Leichtigkeit und Flexibilität zu reiten. Egal, was auf mich zukommt oder welche Herausforderungen ich zu meistern habe, dieser Schritt hat mich gelehrt, **dass auf jeden Tiefschlag, jeden Sturm und jede Krise eine Belohnung, neue Fülle und eine Erhöhung der Schwingung folgen.**

TIEFSCHLÄGE UND SCHWINGUNGSERHÖHUNG

Wenn ich auf die Tiefschläge meines Lebens zurückblicke – und glaub mir, davon gab es mehr als genug –, dann stelle ich fest, dass danach immer eine Art Wiedergeburt und eine kosmische Veränderung stattfand, die mich in ein neues Kapitel meines Lebens katapultierte. Bevor ich das Manifestieren entdeckte, fühlten sich Tiefschläge einfach nur schrecklich an, denn sie raubten mir jede Hoffnung, und ich fürchtete, nie mehr aus dieser elenden Verfassung herauszukommen. Sie stürzten mich in einen Zustand größten Unbehagens, tiefer Traurigkeit und in einen Strudel, aus dem es kaum ein Entrinnen gab. Doch durch die Kraft des Manifestierens kann ich heute mit schwierigen Phasen ganz anders umgehen. Ich betrachte sie nur noch als Prüfungen des Universums, die ich in den Griff kriegen kann. Sie jagen mir keine Angst mehr ein, sondern spornen mich an.

Dazu ein kleines Beispiel: Im November 2021 befand ich mich in einer Situation, die mich heftig triggerte und eine

Menge unverarbeiteter Schmerzen und Traumata auslöste. Ich konnte nicht damit umgehen und verfiel schnell in einen Zustand von anhaltendem Selbsthass, extrem schlechter Laune, Traurigkeit und Angst. Mir wurde bewusst, wie zerbrechlich meine mentale und seelische Gesundheit ist. In der einen Woche ging es mir gut, in der nächsten so schlecht wie seit Jahren nicht mehr. Früher wäre das der Beginn eines monatelangen Krisenzustandes gewesen. Doch diesmal half mir die Praxis des Manifestierens, weil ich nun Methoden zur Hand hatte, mit denen ich die Situation in den Griff bekam. Durch den Prozess, mich von meinen Ängsten und Zweifeln zu befreien, wusste ich, welche Techniken mir in schwierigen Phasen am meisten helfen, wie zum Beispiel das Sprechen von Mantren, Meditation und das Führen eines Tagebuchs. Außerdem vertraute ich dem Universum und war überzeugt, dass diese Phase vorübergehen und am Ende etwas Großartiges auf mich warten würde. Ich wusste, dass ich durch den Schmerz etwas lernen und die alten Verletzungen, die immer noch in mir lauerten, loslassen musste.

Dank dieser festen Überzeugung war ich in der Lage, den Schmerz und die damit verbundenen Emotionen wirklich zu fühlen und mir selbst dabei mit Akzeptanz und Mitgefühl zu begegnen. Statt vor diesen Gefühlen wegzulaufen oder sie zu verdrängen, was mich nur weiter eingeschränkt hätte, konnte ich sie verarbeiten. In dieser Zeit traf ich Sasha Pallari, die inspirierende Gründerin der *FilterDrop*-Bewegung (Anmerkung der Übersetzerin: Die Bewegung ruft Frauen auf der ganzen Welt dazu auf, sich auf Instagram Fotos ohne Filter zu zeigen, um sich gegen die scheinbar perfekte Welt der Kosmetikindustrie und der sozialen Medien zu wehren.). Als ich sie sah, brach ich in Tränen aus. Sie erkannte meinen Schmerz und gab mir Raum, ihn zu zeigen. Später schickte sie mir folgende Nachricht: »Du merkst es vielleicht nicht sofort, aber wenn du das alles durchgestanden hast, entfaltet sich eine neue Ebene deiner inneren Kraft. Etwas Unglaubliches kommt auf dich zu.« Sie hatte recht: Vier Wochen später erschien mein Buch und eines der aufregendsten Kapitel meines Lebens begann. Durch diesen Schmerz habe ich eine Blockade gelöst und bin seither selbstbewusster als je zuvor.

Die Prüfungen des Universums zu meistern, bedeutet, zu wissen, dass schwierige Tage und düstere Zeiten eine unglaubliche Chance für Heilung, Weiterentwicklung und persönliches Wachstum sind. Wer sie besteht, wird belohnt und erhöht seine Schwingung.

NEIN SAGEN LERNEN

Um die Prüfungen des Universums zu bewältigen, musst du lernen, zu allem Nein zu sagen, was dir nicht entspricht – etwas, das die meisten Menschen als schwierig und belastend empfinden. Lädt uns jemand zu seiner Party ein, sagen wir zu, weil wir ihn oder sie nicht beleidigen wollen. Will uns jemand unter Wert bezahlen, stimmen wir trotz unserer Bedenken zu, weil wir nicht wagen, mehr zu verlangen. Wenn der Chef fragt, ob wir einen weiteren Kunden übernehmen können, sagen wir Ja, weil wir befürchten, sonst als inkompetent zu gelten. **Anstatt Nein zu sagen, sagen wir immer wieder Ja.**

Wie viele Stunden hast du schon damit verbracht, Ausreden zu erfinden, um aus einer Sache, zu der du Ja gesagt hast, wieder herauszukommen? Oder du hast dir einfach nur *gewünscht,* du hättest von Anfang an Nein gesagt? Wenn wir Ja sagen, obwohl wir Nein meinen, löst das einen Dominoeffekt aus, der unsere Schwingung senkt und uns wertvolle Zeit und Energie raubt.

Warum fällt es uns nur so schwer, Nein zu sagen? Meist liegt es daran, dass wir uns schuldig fühlen oder Angst haben, abgelehnt zu werden. **Deshalb ist Selbstliebe eine so wichtige Voraussetzung für diesen Schritt.** Wer sich ständig schuldig fühlt, wenn er Nein sagt, hat zu wenig Selbstwertgefühl und glaubt immer noch, es nicht verdient zu haben, seinen Bedürfnissen oberste Priorität einzuräumen.

Früher habe ich zu allem und jedem Ja gesagt. Ich wollte so sehr, dass man mich mag, dass ich immer Ja sagte, wenn mich jemand um einen Gefallen oder um Hilfe bat, auch wenn ich dadurch in irgendeiner Weise benachteiligt war. Ich hatte solche Angst, die Liebe oder Akzeptanz der anderen zu verlieren, dass ich ihre Bedürfnisse immer wieder über meine eigenen stellte. Heute bin ich die **Königin des Nein-Sagens.** Ich würde sogar sagen, Nein sagen zu können gehört zum Stärksten, was ich je gelernt habe. Mein Leben ist dadurch ohne Zweifel in jeder Hinsicht besser geworden. Ich kann meine Zeit besser einteilen, bin weniger gestresst und muss keine Minute mehr mit Ausreden verschwenden. Es hat auch meine Manifestationsreise gestärkt, denn jedes Mal, wenn ich Nein sage, zeige ich dem Universum, wie wertvoll und selbstliebend ich bin, und das wird belohnt.

Wir haben große Angst davor, Nein zu sagen, und reden uns ein, dass andere dann sauer, frustriert oder enttäuscht sind. Aber meistens wird dein Nein respektiert (und sollte das nicht der Fall sein, hat das nichts mit dir zu tun).

Vor einiger Zeit sprach ich auf einer Konferenz und traf dort eine wirklich inspirierende Frau, der ich in den sozialen Medien folgte. Sie ist eine erfolgreiche Unternehmerin mit zwei florierenden Kosmetikmarken und einer großen Fangemeinde. Am nächsten Tag schrieb sie mir eine E-Mail und fragte mich, ob ich mit ihr an einem gemeinsamen Projekt arbeiten wolle. Das innere Kind in mir (der Teil von mir, der unbedingt anderen Frauen gefallen und von ihnen gemocht werden will) wollte schon »Ja, unbedingt« sagen, aber ich musste mich beherrschen. Ich wusste, dass ich keine Zeit für eine weitere Kooperation oder ein weiteres Projekt hatte. Ich wusste, dass ich Nein sagen musste, obwohl ich gern mitgemacht hätte und sehr geschmeichelt war, dass sie mich gefragt hatte. Ich hatte wirklich Angst, abzulehnen. Sie könnte mich ja für undankbar oder unhöflich halten und mich vielleicht nie wieder beachten. Aber damit musste ich leben. Ich beschloss, meinem höheren Selbst zu dienen, diese Prüfung des Universums zu meistern und Nein zu sagen. Ich musste es tun, um Zeit und Energie zu sparen. In meiner E-Mail sagte ich, wie es war: »Ich würde wirklich gern, aber ich habe einfach keine Zeit.« Sie antwortete mir ein paar Minuten später und ich fand keinen Hinweis darauf, dass sie mich für unhöflich hielt oder mir keine Aufmerksamkeit schenkte, wie ich es befürchtet hatte. Im Gegenteil, sie reagierte sehr freundlich und respektierte meine Entscheidung *voll und ganz*.

Gewöhn dir an, Nein zu sagen, auch wenn es dir unangenehm ist. Damit würdigst du, wer du bist und wer du sein willst. Die damit verbundene Botschaft an das Universum lautet: »Ich weiß, was ich wert bin, und ich respektiere, wer ich bin.« Das Universum wird darauf reagieren, indem es dir Dinge schenkt, die dieser hohen Frequenz deiner Selbstliebe entsprechen.

GIB DICH NICHT MIT WENIGER ZUFRIEDEN

Vor dem Schreiben von *Manifestiere!* habe ich mir fest vorgenommen, in meinen Texten nicht zu fluchen, aber hier breche ich meine eigene Regel, aber nur hier, denn diesen einen Punkt muss ich wirklich betonen: BITTE HÖR AUF MIT DIESER VERDAMMTEN FALSCHEN ZUFRIEDENHEIT!

Viele geben sich zufrieden – mit ihren Beziehungen, mit ihren Jobs, mit ihren Erwartungen an das Leben. Wir haben uns daran gewöhnt, »so weiterzumachen wie bisher« und die alte Einstellung übernommen, dass »das Leben hart ist und man einfach das Beste daraus machen muss«. Wir geben uns zufrieden, weil wir nicht daran glauben, mehr zu verdienen. Wir geben uns zufrieden, weil wir daran zweifeln, etwas Besseres anziehen zu können. Aber damit signalisieren wir dem

Universum, dass wir nicht mehr erwarten, und genau das passiert. **Um die Prüfungen des Universums zu meistern, müssen wir aufhören, uns mit weniger zufriedenzugeben, als wir verdienen.**

Übung

Wenn wir diese falsche Zufriedenheit aufgeben wollen, müssen wir zuerst verstehen, in welchen Bereichen wir uns in der Vergangenheit zufriedengegeben haben, wo das derzeit der Fall ist und vor allem, **warum wir uns zufriedengeben.** Ich lade dich ein, herauszufinden, wann du dich mit weniger zufriedengegeben hast, als du verdienst. Trag alles in die folgende Tabelle ein und überleg dir dann die Gründe dafür. Welcher einschränkende Glaubenssatz steckt dahinter? Welche Unsicherheit? Schreib die Antworten in die rechte Spalte. Zum Beispiel: *Ich habe an dieser Freundschaft festgehalten, weil ich nicht wirklich geglaubt habe, Respekt zu verdienen.*

Bitte führe diese Übung ohne Selbstverurteilung durch. Behandle stattdessen den Teil in dir, der nicht glaubt, dass du mehr verdienst, mit Mitgefühl. Die Erkenntnis, wann und warum wir uns zufriedengegeben haben, verleiht uns die Kraft, etwas zu ändern und in Zukunft andere Entscheidungen zu treffen.

Ich kann das nicht oft genug betonen: Gib dich nicht mit weniger zufrieden, als du verdienst, um unbegrenzte Fülle anzuziehen. Du **verdienst** das Beste. Du verdienst ein Leben, das dich glücklich macht. Das verspreche ich dir.

WANN GEBE ICH MICH ZUFRIEDEN?	WARUM GEBE ICH MICH ZUFRIEDEN?

LOSLASSEN LERNEN

Das Thema Loslassen zieht sich wie ein roter Faden durch den gesamten Manifestationsprozess. Wir müssen loslassen, wer wir waren, loslassen, was uns nicht mehr dient, und wir müssen unsere einschränkenden Glaubenssätze loslassen. Loslassen ist für mich ein Akt der Selbstliebe. Wir haben um unserer Zukunft willen Entscheidungen zu treffen, was nicht immer einfach ist.

Akzeptanz ist ein wesentlicher Bestandteil des Loslassens: Wir müssen akzeptieren, dass etwas vorbei ist, nicht mehr funktioniert oder uns nicht mehr dient. Sonst versuchen wir, etwas zu erzwingen, oder wir bemühen uns verzweifelt, etwas richtig zu machen, obwohl das unmöglich ist. **Akzeptiere, dass etwas nicht funktioniert und dich begrenzt, und du befreist dich davon.**

EIN GEBROCHENES HERZ

Allen hier, die unter einer Trennung leiden oder wissen, dass ihre Beziehung ihnen nicht guttut, möchte ich sagen: Ich weiß, wie schwer es ist, sich zu trennen. Ich weiß, wie weh ein Abschied tut. *Wirklich!* Aber ich verspreche dir, dass du an deinem Liebeskummer wachsen wirst. Ich glaube sogar, dass uns der Trennungsschmerz am meisten verändert oder wachsen lässt.

Akzeptiere das Ende deiner Beziehung und gib dir Zeit und Raum, um zu heilen. Lass alle Gefühle zu, weine, schreie, lass alles raus. Es ist okay, den oder die Ex zu vermissen, aber das bedeutet noch lange nicht, dass er oder sie auch gut für dich war. Vertrau darauf, dass bessere Zeiten kommen, dass auch dieser Schmerz vorübergeht und du eine neue Liebe findest.

Verschwende deine kostbare Energie nicht mit Groll oder Wut. Jede Beziehung dient dazu, etwas zu lernen und der Mensch zu werden, der wir sein sollen. Nimm dir Zeit, um über die schönen Erlebnisse nachzudenken, Erinnerungen, die ein Leben lang halten, und über das, was du gelernt hast. Du bist stärker, als du denkst, du *verdienst* bedingungslose Liebe und du bist gut genug.

Manchmal passt es einfach nicht mehr. Das hat nichts mit dir zu tun, es ist einfach so. Versuch, dem nicht mehr Bedeutung beizumessen als nötig. Atme tief durch, meditiere, geh spazieren, sieh dir Filme an, hör Musik, mach Yoga, geh ins Fitnessstudio, ernähre dich gesund, lass dir die Haare schneiden, geh mit Freunden essen, buche einen Urlaub. Tu dir etwas Gutes. Sei die Liebe, die du brauchst. Alles wird gut, vertrau mir.

In diesem und im letzten Buch betone ich immer wieder, wie wichtig es ist, im Manifestationsprozess loszulassen, aber ich weiß, dass das viel Widerstand auslösen kann. Ich glaube, dass wir das Loslassen oft mit »Aufgeben« verwechseln und uns deshalb selbst daran hindern. Lieber geben wir uns zufrieden und stecken aus diesem Grund in bestimmten Situationen fest. Es kann sehr frustrierend sein, zuzugeben, dass etwas nicht richtig funktioniert, diese Tatsache zu akzeptieren und dann loszulassen. Wir fühlen uns als Versager oder denken, dass andere uns so sehen.

In einem meiner Manifestationsworkshops im Januar 2022 meldete sich eine nette Teilnehmerin während der Fragerunde zu Wort. Sie sagte: »Ich habe drei Kinder und habe vor der Pandemie ein Kinderbekleidungsgeschäft eröffnet. Der Lockdown hat uns hart getroffen.« An dieser Stelle kamen ihr die Tränen. »Ich habe mein Geschäft dann online weitergeführt und weiß, dass ich das Ladengeschäft aufgeben muss. Ich schaffe das alles nicht mehr. Ich habe das Gefühl, unterzugehen zwischen Kindern, Laden und Onlineshop. Aber ich habe große Angst davor, den Laden zu schließen, weil ich mich als Versagerin fühle, und ich schäme mich dafür.«

Die anderen 380 Personen im Raum dachten wohl ziemlich dasselbe wie ich: *Meine Güte, du hast alles andere als versagt und brauchst dich absolut nicht zu schämen!* Ich umarmte die Dame fest und sagte ihr, was sie in dieser Situation brauchte: die Wahrheit. Sie war nicht gescheitert, sondern hatte die Entscheidung getroffen, loszulassen, was sie behinderte. So hat sie sich selbst vor noch mehr Stress und Kummer bewahrt. Sie gab sich selbst die kostbare Zeit und Energie für ihre Kinder zurück und um sich auf den Ausbau ihres Onlineshops zu konzentrieren. Als sie mich wieder ansah, zeichnete sich die Erleichterung auf ihrem Gesicht ab. Sie lächelte mich an und flüsterte: »Vielen Dank!« Ich konnte förmlich hören, welche Last von ihr abfiel. Jeder im Raum nahm das Besondere dieses Moments wahr.

Manchmal brauchen wir die Erlaubnis einer anderen Person, um loszulassen und uns daran zu erinnern, dass wir nicht versagt haben. Aber noch wichtiger ist, dass wir uns selbst die Erlaubnis dazu geben.

> ES IST KEINE NIEDERLAGE, ZU AKZEPTIEREN, DASS ETWAS NICHT FUNKTIONIERT, SONDERN EIN AKT DER STÄRKE. DAMIT LÄSST DU LOS, WAS DIR NICHT MEHR DIENT, UND ÖFFNEST DEN WEG FÜR EINEN NEUANFANG.

BETRACHTE HERAUSFORDERUNGEN ALS CHANCE

Dieser Schritt ist für dich das größte Geschenk, denn er hilft dir, jede Herausforderung, jede Ablehnung und jedes Hindernis, das sich dir in den Weg stellt, mit anderen Augen zu sehen.

Die Bedeutung, die wir allem und jedem beimessen, bestimmt letztendlich unsere Sicht auf die Welt. Wenn etwas nicht nach Plan läuft oder wenn wir mit Widrigkeiten konfrontiert werden, nehmen wir das oft persönlich und sehen darin eine Bestätigung unserer Unsicherheit oder unserer einschränkenden Glaubenssätze. Wenn uns jemand nach dem ersten Date ghostet, ist das für uns der Beweis, dass wir nicht gut genug sind. Wird unser Flug gecancelt, sagen wir: »Typisch, so was passiert mir dauernd. Ich bin einfach vom Pech verfolgt.« Werden wir bei einer Beförderung übergangen, denken wir, dass wir unser Ziel nie erreichen werden.

Besonders kritisch sehe ich das im Zusammenhang mit Ablehnung, denn der Satz »Du interessierst mich nicht« kann sehr wehtun. In einer solchen Situation fällt es uns schwer, die Ablehnung nicht persönlich zu nehmen oder sie als Zeichen dafür zu sehen, wie liebenswert, wertvoll, begehrenswert oder sympathisch wir sind.

Ablehnung kann uns völlig aus der Bahn werfen und uns zutiefst verletzen. Dann müssen wir wirklich zu uns selbst stehen und uns die bedingungslose Liebe, Unterstützung und das Mitgefühl geben, die wir brauchen. Und wir müssen uns ins Bewusstsein rufen, **dass Ablehnung eine Neuorientierung** ist: Wir können jede Herausforderung und jedes Hindernis, mit dem wir konfrontiert werden, aus einer positiven und stärkenden Perspektive betrachten. Wir können ihnen eine andere Bedeutung geben. Wir können sie als Chance sehen, etwas über uns selbst zu lernen, uns zu etwas Neuem zu bewegen oder unsere Komfortzone zu verlassen.

Übung ✎

Bestimmt hast du schon viele Situationen erlebt, in denen du das Gefühl hattest, dass etwas »falsch« läuft, aber dann hat sich herausgestellt, dass es das Beste war, was passieren konnte. Schreib fünf solcher Situationen auf. Vielleicht wolltest du ein Haus kaufen und hast es nicht bekommen, was sich als Segen erwiesen hat, weil du ein viel schöneres Haus gefunden hast. Oder du hast einen Job verloren, was sich im Nachhinein ausgezahlt hat, weil du dich selbstständig gemacht hast.

1. Was ist schiefgelaufen?

....

....

Warum war genau das letztlich sehr gut?

....

....

....

....

2. Was ist schiefgelaufen?

....

....

Warum war genau das letztlich sehr gut?

....

....

....

....

3. Was ist schiefgelaufen?

....

....

Warum war genau das letztlich sehr gut?

....

....

....

....

4. Was ist schiefgelaufen?

....

....

Warum war genau das letztlich sehr gut?

....

....

....

....

5. Was ist schiefgelaufen?

....

....

Warum war genau das letztlich sehr gut?

....

....

....

....

Nutze diese Beispiele als Beweise dafür, dass negative Erfahrungen immer einen positiven Ausgang haben. Daran solltest du dich erinnern, wenn du das nächste Mal vor einer Prüfung stehst. Alles hat einen Grund, auch wenn du ihn nicht auf den ersten Blick erkennen kannst.

Tagebuch der Prüfungen

In *Manifestiere!* weise ich darauf hin, dass du auf deiner Manifestationsreise vor Prüfungen gestellt wirst, die du meistern musst. Das Universum testet damit, ob du wirklich glaubst, das zu verdienen, was du manifestierst. Anders gesagt: Es prüft deinen Selbstwert. Hier ist ein Tagebuch der Prüfungen, das du bei deinem nächsten Test nutzen kannst, **um eine möglichst souveräne Entscheidung zu treffen.**

TAGEBUCH DER PRÜFUNGEN

Was willst du wirklich?

Vor welcher Prüfung stehst du?

Worin unterscheidet sie sich von den Zielen auf deinem Vision Board?

Was müsstest du aufgeben, wenn du die Prüfung annimmst?

Welche Angst steckt hinter deiner Sorge, die Prüfung nicht zu bestehen?
Was würde dein stärkstes und vollkommen selbstbewusstes Ich tun?
Was wirst du tun, wenn du dir das vor Augen hältst?

Wiederhole diese Übung in deinem Tagebuch oder Notizbuch, wenn du wieder vom Universum geprüft wirst.

Immer wenn du eine Prüfung meisterst, eine Entscheidung triffst, die mit deinem zukünftigen Selbst übereinstimmt, und Nein zu dem sagst, was nicht gut für dich ist, **kommst du in deine Kraft.** Und genau darum geht es bei der Manifestation. Du hast die Kraft, so zu sein, wie du sein willst, und du verfügst über ein unendliches Potenzial. Du musst es nur entfalten.

NUTZE DEINE ENERGIE KLUG

> DEINE LEBENSZEIT UND DEINE ENERGIE SIND DEIN WERTVOLLSTES GUT, DESHALB NUTZE SIE KLUG.

Es gibt Menschen und Situationen, die unsere Energie beflügeln, durch die wir uns gut, energiegeladen und lebendig fühlen. Sie geben uns das Gefühl, respektiert, wertgeschätzt und angenommen zu sein, so wie wir sind. Sie unterstützen uns auf unserer Manifestationsreise, denn diese Menschen oder Situationen verstärken die hoch schwingenden Gefühle von Liebe, Freude, Zufriedenheit, Begeisterung und Leidenschaft. Sie entfachen einen Funken in uns, der uns ermutigt und motiviert, weiterzumachen und in unserer Authentizität aufzublühen.

Auf der anderen Seite gibt es Menschen und Situationen, die uns Energie rauben. Sie sorgen dafür, dass wir uns abgewertet, ausgepowert und nicht wertgeschätzt fühlen. Sie lösen in uns das unangenehme Gefühl aus, dass es nicht okay ist, wenn wir ganz authentisch sind. Unsere Energie wird als Selbstverständlichkeit hingenommen oder sogar missbraucht. Solche Menschen und Situationen senken unsere Schwingung und behindern uns auf unserer Manifestationsreise.

Es ist ein Akt der Selbstliebe, unsere Energie zu schützen. Sie ist heilig und wir müssen sie ehren. Wir müssen uns bewusst werden, wer und was uns Energie entzieht (*Energieräuber*) oder uns Energie gibt (*Energiespender*), und dann Grenzen setzen: Wir müssen Nein sagen zu Dingen, die nicht zu uns passen; anderen unsere Bedürfnisse mitteilen; darauf achten, mit wem wir Zeit verbringen und wie wir unseren persönlichen Raum nutzen.

FAQ

Q: Was ist, wenn mir jemand aus meiner Familie Energie entzieht? Wie kann ich eine Grenze setzen, ohne das Gefühl zu haben, den anderen im Stich zu lassen?

A: Ich verstehe, dass es schwierig sein kann, Familienmitgliedern Grenzen zu setzen. Man kann ja nicht sagen: »Ich ziehe mich einfach aus der Beziehung zurück und treffe mich nicht mehr mit dir.« Familiendynamiken sind äußerst komplex, und es kann passieren, dass wir uns von Menschen distanzieren wollen, obwohl wir sie lieben und sie in irgendeiner Form an unserem Leben teilhaben lassen wollen. Ich rate dir, Grenzen zu setzen, mit denen du gut umgehen kannst und die deinem Gefühlszustand und deiner mentalen Verfassung entsprechen. Finde heraus, wie oft du diese Person sehen möchtest und wann du dich in ihrer Nähe am wohlsten fühlst. Du wirst feststellen, dass das am besten gelingt, wenn du emotional stabil bist. Wenn du dich stark fühlst, ist die Wahrscheinlichkeit geringer, dass dich ihre negativen Kommentare und ihre Energie beeinträchtigen. Das ist anders, wenn du niedergeschlagen, überfordert, nervös oder einfach nur müde bist. Ich glaube, auf diese Weise können wir für uns machbare Grenzen setzen und einhalten, die sicherstellen, dass unsere eigene emotionale und mentale Stabilität oberste Priorität hat.

Übung

Ich bitte dich, über deine Lebensbereiche nachzudenken und alles, was dir Energie verleiht, in die Spalte »Energiee spender« einzutragen. Das kann eine Person, eine Aktivität, ein Selbstfürsorgeritual oder ein Ort sein. Trag dann in die Spalte »Energieräuber« alles ein, was dir Energie entzieht. Im Anschluss überlegst du dir fünf gesunde Grenzen, die du zum Schutz deiner Energie setzen kannst, zum Beispiel: »Ich treffe mich nicht mehr jeden Freitagabend mit meinem Freund zum Essen, weil ich weiß, dass ich mich an diesem Abend nach einer anstrengenden Arbeitswoche ausruhen muss« oder »Ich kann nicht ständig für meinen Freund da sein, weil ich nicht für seine emotionalen Bedürfnisse verantwortlich bin«. Schreib alles in die folgende Tabelle.

ENERGIESPENDER	ENERGIERÄUBER
FÜNF GESUNDE GRENZEN	
....	
....	
....	
....	
....	

Es gibt Situationen, in denen wir uns nicht von Menschen oder Dingen abgrenzen können, obwohl sie uns Energie rauben, zum Beispiel, wenn wir es am Arbeitsplatz mit Kollegen oder einer Chefin zu tun haben, deren Energie sich toxisch anfühlt. Vielleicht jammern sie ständig, oder ihre Energie löst Unbehagen in uns aus, ohne dass wir sagen können, warum. Wir nehmen die Energien anderer sehr wohl wahr, und es kommt durchaus vor, dass wir eine Person oder eine Angelegenheit als Energieräuber empfinden, ohne den Grund dafür benennen zu können. Wie gehen wir damit um? Wie können wir unsere Energie im Umgang mit diesen Menschen schützen? Dazu habe ich zwei Tipps für dich:

1. Beobachten

Erinnere dich daran, dass wir es selbst in der Hand haben, was wir zulassen und worauf wir unsere Aufmerksamkeit richten. Wenn jemand ein negatives, unhöfliches oder niedrig schwingendes Verhalten zeigt, entscheide dich dafür, es wahrzunehmen, zu beobachten und es dann **loszulassen**. Beobachte, was passiert, ohne dich in das Narrativ oder die Geschichte der anderen Person *hineinziehen* zu lassen.

Das kannst du in jeder Situation tun. Nehmen wir zum Beispiel an, du stehst in einer Warteschlange. Die Person hinter dir ist wütend, frustriert, murmelt etwas vor sich hin oder macht ihrem Ärger beim lauten Telefonieren Luft. Du hast die Wahl: Willst du ihren Frust teilen, dich darüber aufregen oder kannst du einfach nur beobachten und dann loslassen?

2. Abschütteln

Wenn du das Gefühl hast, jemand hat dir Energie geraubt, dann such nach Möglichkeiten, um das Ganze abzuschütteln. Mach Yoga, stell bei der Heimfahrt im Auto einen Radiosender mit guter Musik ein, mach eine fünfminütige Loslass-Meditation, wiederhole ein Mantra, zum Beispiel »Ich lasse den Tag los und bin ganz in der Gegenwart«, oder ruf deinen besten Freund oder deine beste Freundin an.

> *»Energie lügt nicht. Hab Vertrauen in die Schwingungen, die du wahrnimmst.«*
>
> UNBEKANNT

> WIR KÖNNEN NICHT KONTROLLIEREN, WAS ANDERE LEUTE ZU SAGEN HABEN ODER WIE SIE DIE WELT SEHEN WOLLEN, ABER WIR KÖNNEN KONTROLLIEREN, WIE WIR DARAUF REAGIEREN, WAS WIR ZULASSEN UND WELCHE GRENZEN WIR SETZEN. WÄHREND DEINER MANIFESTATIONS-REISE WIRST DU SENSIBLER DAFÜR WERDEN, WAS SICH GUT ANFÜHLT UND WAS NICHT. ACHTE DARAUF, WELCHE GEFÜHLE IN DIR AUSGELÖST WERDEN, UND VERGISS NICHT, DEINE ENERGIE ZU SCHÜTZEN.

SCHRITT 5

SEI DANKBAR (OHNE VORBEHALTE)

»Glück macht uns nicht dankbar,
aber Dankbarkeit macht uns glücklich.«

UNBEKANNT

ÜBERBLICK

- Dankbarkeit ist ein Gefühl der Wertschätzung.
- Sie verwandelt jede niedrig schwingende Emotion.
- Sei dir deiner Ziele bewusst und gleichzeitig dankbar für alles, was du bereits hast. Das nenne ich den Optimalpunkt des Manifestierens.
- Energie folgt der Aufmerksamkeit. Je mehr du dich auf das Gute konzentrierst, desto mehr Gutes ziehst du auch in dein Leben.
- Ein Dankbarkeitstagebuch ist eine sehr kraftvolle Methode, um dein Gehirn auf eine Haltung der Dankbarkeit zu trainieren.
- Sag »ich darf« statt »ich muss«.
- Ein dankbares Herz zieht Wunder geradezu magnetisch an.

Als ich noch klein war, hörte ich meine Mutter unzählige Male am Tag »Alhamdulillah« (deutsch: *Allah sei Dank*) flüstern, denn Dankbarkeit gegenüber Allah und Dankpreisung sind wichtige Aspekte des muslimischen Glaubens. Man könnte den Ausspruch auch so verstehen: »Jeder Dank kommt tausendfach zu uns zurück.«

Alle Religionen betonen die Bedeutung von Dankbarkeit. Und es ist wissenschaftlich erwiesen, dass sich Dankbarkeit positiv auf Gesundheit und Wohlbefinden auswirkt. Verschiedene Studien haben gezeigt, dass Dankbarkeit die Schlafqualität verbessern, das Immunsystem stärken, Stress regulieren, Schmerzen reduzieren und die Symptome von Angstzuständen und Depressionen lindern kann. Das UCLA Mindfulness Awareness Research Centre hat festgestellt, dass Dankbarkeit die neuronale Struktur des Gehirns verändert und uns glücklicher und zufriedener macht.

Dankbarkeit ist eine der am höchsten schwingenden Emotionen. Wenn wir echte Dankbarkeit empfinden, ziehen wir wie ein Magnet mühelos mehr Fülle in unser Leben. Beim Manifestieren geht es nicht darum, unsere Aufmerksamkeit auf das zu richten, was wir noch haben wollen, sondern das wertzuschätzen, was wir bereits haben.

SLOW-DRIP-DOPAMIN

In meiner Kindheit und Jugend waren mir Freude, Zufriedenheit und Glück, wie ich sie heute kenne, weitgehend fremd. Ich hasste es, allein zu sein, hatte regelrecht Angst vor Langeweile und tat alles, um meinen Schmerz möglichst tief in mir zu vergraben. Ich flüchtete vor meinen Gefühlen, indem ich über zwanzig Zigaretten am Tag rauchte sowie Alkohol und Drogen konsumierte. Glück empfand ich nur in extremen Rauschzuständen, sei es bei einer leidenschaftlichen

Begegnung mit jemandem, zu dem ich mich hingezogen fühlte, auf einer ausschweifenden Party oder im Vollrausch. Wenn ich in den Spiegel schaute, starrte mich ein Monster an. Jahrelang war ich davon überzeugt, ekelhaft, hässlich und abstoßend zu sein. Nur wenn ich Kokain nahm, konnte ich mich mit anderen Augen sehen und ein wenig Selbstvertrauen empfinden. Ich gewöhnte mir an, meine erste Linie um 16 Uhr zu ziehen, um etwas von diesem »falschen Selbstvertrauen« zu bekommen, anstatt die Wunde meines Selbsthasses zu heilen. Wie ein Pendel bewegte sich mein Leben ständig zwischen chemisch bedingten Hochs und lähmenden, schmerzhaften Tiefs. Dazwischen gab es nichts.

Als ich 2018 Wade kennenlernte, war ich immer noch abhängig und warf bei unseren Dates heimlich auf dem Klo Drogen ein. Er hingegen hatte noch nie Drogen genommen, trank nie exzessiv und rauchte nicht. Ihm gelang etwas, was mir nicht möglich war: Er konnte Maß halten und war ausgeglichen. Ich entdeckte bei ihm, was ich mir für mich selbst wünschte: Er wusste die kleinen Dinge des Lebens zu schätzen. Ein Spaziergang im Park, das Streicheln eines Hundes, der ihm auf der Straße über den Weg lief, und Brettspiele bereiteten ihm echte Freude. Ganz ehrlich: Ich konnte nur noch staunen! Wie um alles in der Welt konnte er sich über so scheinbar belanglose Dinge freuen, und wie konnte er es genießen, essen zu gehen oder bis spät in die Nacht in einer Bar zu sitzen, ohne auf Drogen zu sein?

Als wir uns ineinander verliebten, redeten wir stundenlang über alles Mögliche: über unsere Vergangenheit, unsere

Ängste, über Glück und den Sinn des Lebens, über Meditation und meine Drogensucht. Wade gab mir Zeit und Raum, mich damit auseinanderzusetzen, er verurteilte mich nicht und gab mir nie das Gefühl, wertlos zu sein oder mich schämen zu müssen. Ich hatte gerade meine Manifestationsreise begonnen und war bereit und motiviert, mein Leben zu ändern. Das magische Gefühl des Verliebtseins verstärkte dies noch. Ich beschloss (nicht zum ersten Mal), Drogen und Alkohol abzuschwören. Nach einem Monat – so lange war ich seit fast zehn Jahren nicht mehr clean gewesen – geschah etwas Unglaubliches: Ich saß auf meinem Bett und telefonierte mit meiner Schwester. Ich weiß nicht mehr, worum es ging, aber plötzlich musste ich lachen. Ich meine, *so richtig lachen.* Kennst du dieses Lachen aus dem Bauch heraus, das man im ganzen Körper spürt? Das war ein Ausdruck echter Freude. Dieses Gefühl war mir bis dahin so fremd, dass ich mich auch vier Jahre später noch ganz genau daran erinnern kann.

In den nächsten Wochen kam dieses Gefühl immer öfter. Ich saß beim Frühstück und aß meine Avocado auf Toast in der Sonne … und war *glücklich.* Dieses Glücksgefühl hatte nichts mit Drogen zu tun, es war kein Lustgefühl, sondern ich war einfach nur glücklich. Ich kann es nur als kindliche Freude beschreiben. Es war einfach da. Da meine Glücksgefühle früher immer durch Chemikalien oder adrenalingeladene Ereignisse ausgelöst worden waren, fragte ich mich, ob ich vielleicht die Messlatte für Glück so hoch gelegt hatte, dass einfache Glücksgefühle nicht mithalten konnten und mir unbedeutend erschienen.

Wade und ich sprachen über meinen neuen Lebensstil und kamen scherzhaft zu dem Schluss, dass ich mir anstelle der bisherigen Extreme, bei denen auf ein Superhoch immer ein extremes Tief folgte, nun das »Slow-Drip-Dopamin« gönnte. Mit diesem Begriff beschreiben wir, **dass uns ein kontinuierlicher Fluss einfacher Freuden, die wir uns selbst schaffen, glücklich macht.**

Das Hormon Dopamin ist ein Neurotransmitter oder Botenstoff, der im Gehirn die Kommunikation zwischen den Nervenzellen unterstützt und Informationen aus dem Gehirn weiterleitet. Die Ausschüttung des sogenannten »Glückshormons« sorgt für Empfindungen wie Lebensfreude und Motivation. Im Gehirn wird ein Belohnungseffekt ausgelöst. Es ist bekannt, dass Drogen in das Dopaminsystem eingreifen, indem sie das Gehirn zur vermehrten Dopaminausschüttung anregen. Das muss man dann hinterher wieder büßen, weil der Körper durch den künstlich erzeugten Rausch viel weniger Dopamin produzieren kann.

Ich fragte mich, ob es möglich wäre, durch gesunde, nährende und nachhaltige Dinge, die mein Leben bereichern, statt mich leiden zu lassen, »natürliche« Hochgefühle zu erzeugen. Und ob es möglich wäre, mein Dopamin nicht »auf einmal« zu verbrauchen, sondern es einzuteilen. Mit dem von uns geprägten Begriff »Slow-Drip-Dopamin« beschrieb ich meine zukünftigen Ziele: Ich wollte ein Leben führen, in dem Dopamin langsam freigesetzt wird. Dazu richtete ich meine Aufmerksamkeit auf die einfachen Freuden des Lebens, die durch eine heitere Lebenseinstellung, die Natur und alle Formen der Liebe entstehen. **Ich definierte den Begriff »Freude« neu – und das veränderte mein Leben.** Im Wesentlichen ging es darum, ganz bewusst dankbar zu sein und ein Gefühl der Wertschätzung für die einfachsten Freuden des Lebens zu entwickeln.

Heute finde ich das, was mir Freude bereitet, nicht mehr in einem Tequila-Shot, sondern in den Dingen, die ich früher als banal und unbedeutend betrachtet habe. Heute empfinde ich echtes Glück, wenn ich meinen Sohn auf der Schaukel anschubse, wenn ich im Gras sitze, ein Buch lese, Frühstück mache, auf meinem Sofa sitze, Kaffee trinke, Leute durchs Fenster eines Cafés beobachte, still bin, wenn ich Sport treibe oder koche.

Ich glaube, dass viele Menschen ständig auf der Suche nach dem ultimativen Kick sind, um sich gut zu fühlen, glücklich zu sein und Freude zu empfinden. Wir leben in einer Kultur, in der die sofortige Befriedigung unserer Bedürfnisse jederzeit möglich ist, sei es beim Onlineshopping, über unsere Social-Media-Kanäle, Dating-Apps, beim Trinken oder beim Sex. Wir konditionieren uns geradezu darauf, nur in diesen Momenten positive Gefühle zu erleben. Wir bringen uns selbst um die Möglichkeit, Freude in den kleinen, einfachen, langsamen und subtilen Momenten zu finden. Die Idee des Slow-Drip-Dopamins hat mich daran erinnert, meine Aufmerksamkeit neu auszurichten und den Begriff »Glück« neu zu definieren. Und ich hoffe, dass es dir genauso geht.

In *Manifestiere!* beschreibe ich verschiedene Methoden, um eine Haltung der Dankbarkeit zu entwickeln, zum Beispiel mithilfe von Dankbarkeitslisten oder einem Positivitätsjournal, in das du jeden Abend schreibst. Hier möchte ich dir einige weitere Dankbarkeitsübungen vorstellen, mit denen du deine Wertschätzung vertiefen kannst – nicht nur für das, was du bereits hast, sondern auch für die Person, die du bist, und für dein bisheriges Leben.

ICH BIN STOLZ AUF MEINE FORTSCHRITTE

Allzu oft sind wir so sehr damit beschäftigt, unsere Aufmerksamkeit auf das zu richten, was wir uns für unsere Zukunft wünschen, dass wir den Blick dafür verlieren, wie weit wir schon gekommen sind und was wir schon alles erreicht haben. Mir gefällt der Spruch **»Weißt du noch, wie du dir die Dinge gewünscht hast, die du jetzt hast?«** Er ist eine kraftvolle Erinnerung daran, einen Moment lang all das zu betrachten, was wir bereits manifestiert haben.

Übung

Ich habe eine Anleitung für dich erstellt, mit deren Hilfe du herausfinden und darüber nachdenken kannst, wie weit du bereits gekommen bist und wie du dir die Wertschätzung erweisen kannst, die du verdienst. Nimm dir Zeit für diese Übung – zünde dir Kerzen an, leg meditative Musik auf und sei möglichst präzise bei deinen Antworten.

1. Welche Widrigkeiten oder Herausforderungen musstest du meistern, um dort hinzukommen, wo du heute stehst?

....
....
....
....
....
....
....
....
....
....
....

2. Aus welcher schwierigen Situation hast du das Beste gemacht?

....
....
....
....
....
....
....
....
....
....
....

3. Wann hast du deine Komfortzone verlassen? Wann warst du so richtig stolz?

4. Wann hast du dir erlaubt, verletzlich zu sein, dich anderen zu öffnen?

5. Welches sind deine glücklichsten Erinnerungen?

....

....

....

....

....

....

....

....

....

....

....

6. Für was in deinem Leben bist du dir selbst dankbar?

....

....

....

....

....

....

....

....

....

....

....

SICH SELBST FEIERN

Sich selbst feiern bedeutet, sich über die eigenen Erfolge und Leistungen zu freuen und sich selbst dafür zu belohnen; zu würdigen, wie sehr wir uns engagieren und wie wir uns jeden Tag um uns selbst kümmern. Das stärkt unser Selbstwertgefühl, intensiviert unsere Selbstliebe und ermutigt uns, unsere Dankbarkeit nach innen zu richten.

Wir leben in einer ergebnisorientierten Kultur, in der nur bestimmte Anlässe gefeiert werden: eine Hochzeit, ein Hauskauf, eine Beförderung, ein neuer Job, eine Auszeichnung. Deshalb sind wir darauf konditioniert, zu denken, dass alles andere nicht so viel Aufmerksamkeit oder Anerkennung verdient.

Das kann uns daran hindern, die unglaublichen Dinge, die wir jeden Tag tun und erreichen, zu sehen und entsprechend zu würdigen.

Mach es dir zur Gewohnheit, nicht nur wichtige Meilensteine zu feiern, sondern auch deinen Fortschritt, dein Engagement und deine Leistung. Lob dich für alles, was du tust, egal wie wichtig oder alltäglich es ist: ein neues Rezept ausprobieren, zum ersten Mal zum Work-out gehen, eine von dir gesetzte Grenze einhalten, deine Komfortzone verlassen und einen potenziellen Kunden ansprechen oder dich bei einer Teambesprechung vorstellen. **Gewöhn dir an, auf kleine Erfolge zu achten.**

WIE KANNST DU DICH SELBST FEIERN?

1. Sprich ein Mantra

Wenn du auf etwas stolz bist, wiederhole ein einfaches Mantra, zum Beispiel »Ich bin stolz auf das, was ich erreicht habe« oder »Ich bin stolz auf die Person, die ich heute bin«.

2. Belohne dich selbst

Hast du alles erledigt, was du heute tun wolltest? Oder den Frühjahrsputz gemacht? Genieße das Gefühl, etwas geschafft zu haben, und belohne dich dafür. Nimm dir zum Beispiel Zeit für dich selbst, reserviere einen Tisch in deinem Lieblingsrestaurant oder streame den neuesten Blockbuster.

3. Sprich darüber

Aus Sorge, überheblich zu wirken, sagen wir lieber nicht, dass wir stolz auf uns sind. Aber Selbstlob kann bescheiden sein und zugleich inspirierend und beflügelnd wirken: Ich liebe es, wenn meine Freunde ihre hoch schwingende Energie mit mir teilen. Ich möchte dich ermutigen, deine Erfolge mit den Menschen in deinem Leben zu teilen. Das kann sie anspornen, dasselbe zu tun, und wenn du laut über deine Erfolge sprichst, stärkt das unbewusst auch dein Selbstwertgefühl. *Eine Win-win-Situation.*

4. Journaling

Schreib jeden Abend mindestens fünf Dinge auf, auf die du an diesem Tag stolz bist. Denk daran: Kein Sieg ist zu klein.

DANKBARKEITS-CHALLENGE

Sende jeden Tag eine Dankesnachricht an jemanden, dem du dankbar bist. Das kann jemand sein, den du kennst, oder eine Person, die dich in den sozialen Medien beeindruckt hat. Lasst uns gute Schwingungen verbreiten! Schreib die Namen aller Empfängerinnen und Empfänger auf und hak die Liste ab, sobald du die Nachricht abgeschickt hast.

- Montag ☐
- Dienstag ☐
- Mittwoch ☐
- Donnerstag ☐
- Freitag ☐
- Samstag ☐
- Sonntag ☐

HÖR AUF ZU JAMMERN

Wenn Dankbarkeit der Ausdruck von Wertschätzung ist, was ist dann das Gegenteil davon? Für mich ist es *Jammern.* Ich gebe zu, dass Jammern meine zweite Natur war. Ich habe über alles gejammert und war eine Dauernörglerin. Ich jammerte, weil der Verkehr so stressig war, weil das Wetter so schlecht war, weil die Straßen zu voll waren, weil die Arbeit zu anstrengend war, weil die Leute unhöflich zu mir waren, weil ich schlecht geschlafen hatte und so weiter. Mein Glas war immer halb leer und das ließ ich alle um mich herum wissen. Wenn jemand versuchte, mich zu einer positiveren Einstellung zu bewegen, war ich genervt.

Das änderte sich, als ich tiefer in meine Manifestationsreise eintauchte. Ich ersetzte Jammern durch Wertschätzung und war nun meinerseits die Person, die versuchte, anderen eine positive und ermächtigende Sichtweise zu vermitteln. Durch das Heilen meiner Verletzungen, das Loslassen von Ängsten und Zweifeln, die bewusste Wahl meiner Worte und mein Positivitätsjournal (wie in *Manifestiere!* empfohlen) konnte ich mein Denken neu ausrichten, lernte wie von selbst, das Glas als halb voll zu betrachten und in jeder schwierigen Situation den Silberstreif zu erkennen. Das ist mir **nicht immer** gelungen, das möchte ich betonen. Ich bin nicht immer hundertprozentig positiv gestimmt, aber das ist in Ordnung. Es ist nicht ungewöhnlich, dass ich nach achtundzwanzig Jahren täglicher Praxis im Nörgeln auch heute gelegentlich in alte Verhaltensmuster zurückfalle. Meistens dann, wenn ich besonders gestresst oder völlig erschöpft bin. Dann kommt die Nörglerin in mir wieder zum Vorschein. In solchen Momenten bin ich in meinen Augen »ganz arm dran« – und wenn mir das bewusst wird, bemühe ich mich, diese Sichtweise sofort wieder zu ändern. Denn sie ist mir nicht dienlich, sondern zieht mich runter und führt mich weg von der hoch schwingenden Dankbarkeit, auf die ich mich mental konditioniert habe.

Ich will damit nicht sagen, dass ein bisschen Meckern hier und da die Manifestationsreise völlig zunichtemacht. Es geht uns doch allen besser, wenn wir unsere beste Freundin anrufen und uns über unseren Arbeitstag auslassen können. Aber wenn wir permanent jammern, ist das ein Problem. Jammern ist unser Hauptgesprächsinhalt und bestimmt unsere Beziehungen, auf jeden Fall hier in Großbritannien. Achte bei den nächsten Gesprächen, die du führst oder hörst, mal darauf, wie oft die Leute unterschwellig oder offen jammern und Unzufriedenheit nutzen, um Gemeinschaft herzustellen. Warum ist das so wichtig? **Was wir sagen, beeinflusst, wie wir uns fühlen, was wir glauben und folglich, was wir in unser Leben ziehen.** Denk daran: Dein Unterbewusstsein – der Ort, von dem aus du manifestierst – hört immer zu und glaubt, was du sagst und bewusst denkst. Je mehr Negatives wir sagen (zum Beispiel beim Jammern), desto mehr fühlen wir uns auch so. Dadurch sinken unsere Schwingung und unsere Manifestationskraft. Wir ziehen weniger Fülle in unser Leben. Mit Sätzen wie »Ich bin total am Ende«, »Das war der schlimmste Tag ever«, »Ich hasse meinen Chef«, »Ich kann den Regen nicht ertragen«, »Ich habe den ganzen Verkehr dick«, »Ich bin vom Pech verfolgt« wird das Unterbewusstsein, das nicht zwischen Wahrheit und Lüge unterscheiden kann, mit negativen Informationen gefüttert und kommt zu der Überzeugung, dass das Leben wirklich schrecklich ist. Und du wirst manifestieren, was dieses Narrativ unterstützt. Denn jeder unserer Gedanken und jedes Wort, das wir aussprechen, hat eine energetische Wirkung, die beeinflusst, was wir manifestieren.

Als ich etwa fünfzehn Jahre alt war, erzählte mir meine ältere Schwester Noona von ihrem Kurs in Neurolinguistischem

Programmieren (NLP), in dem sie gelernt hatte, wie Sprache unsere Denkweise und unser Wohlbefinden beeinflusst. Als Hausaufgabe hatte sie sich vorgenommen, fünf Tage lang nicht zu jammern. Ich weiß noch gut, wie ich mit den Augen rollte und dachte: »Als ob du das je schaffen würdest!« Ich weiß nicht mehr, wie das Experiment verlaufen ist, aber das Konzept ist mir immer im Gedächtnis geblieben.

Sobald ich merke, dass ich wieder ins Jammern verfalle, denke ich an das Experiment meiner Schwester und nehme mir vor, dasselbe zu tun wie sie damals. Es ist unglaublich einfach: Wenn ich wegen irgendeiner Sache jammern möchte, *lasse ich es einfach.* Ich jammere zum Beispiel nicht über eine lange Warteschlange. Ist jemand unhöflich zu mir, beschwere ich mich nicht darüber, sondern denke, dass diese Person wohl einen sehr schlechten Tag hat, und hoffe, dass es ihr bald besser geht. Sobald ich damit aufhöre, Negatives zu äußern, geht es mir besser. *Noch am selben Tag* bin ich wieder zufriedener und spüre, wie sich dadurch meine Schwingung verändert. Ich durchbreche den negativen Kreislauf und bringe mich selbst in eine gesündere Denkweise, die meiner Manifestationsreise förderlich ist.

Probier mal, fünf Tage lang nicht zu jammern. Du wirst sehen, wie viel besser du dich danach fühlst und wie schnell sich deine Einstellung ändert. Teile deine Erfahrungen gern in der Facebook-Gruppe »Manifest with Roxie«.

WERTSCHÄTZE DAS ALLTÄGLICHE

Vor Kurzem habe ich das Buch *Regrets of the Dying* von Georgina Scull gelesen. Darin befragt die Autorin Menschen, die über achtzig sind oder an einer unheilbaren Krankheit leiden, was sie bereuen. Eine Geschichte hat mich besonders berührt: Tessa war gerade vierundzwanzig Jahre alt, als bei ihr eine rasch wachsende und aggressive Form von Brustkrebs mit ungünstiger Prognose diagnostiziert wurde. Im Interview sagte sie, dass sie es vermissen wird, ganz tief frische Luft einzuatmen, einen Sonnenuntergang zu betrachten und den Wind auf ihren Wangen zu spüren. Auch das Schmusen mit ihrer Katze und die Gesellschaft ihres Partners wird ihr fehlen. Ihr Leben ohne Krebs. Die Chance, so zu leben, wie sie es sich eigentlich gewünscht hatte. Sie wird es vermissen, am Leben zu sein … Ich musste weinen, als ich das las.

Tessas Geschichte und ihr Interview haben mich zum Nachdenken darüber gebracht, wie viel Alltägliches wir für eine Selbstverständlichkeit halten. Menschen, die mit Trauer, Schicksalsschlägen oder Krankheit fertigwerden müssen, sehnen sich meist nach ganz einfachen Dingen. Das sind meist genau die Dinge, die für uns selbstverständlich sind, oder Momente, die wir für unwichtig halten.

Seit ich Georgina Sculls Buch gelesen habe, bemühe ich mich, im Alltag immer wieder kurz zu pausieren und das Gewöhnliche zu würdigen. Wenn ich mit Wolfe kuschle, mache ich im Geiste Schnappschüsse davon, und wenn ich spazieren gehe, halte ich für ein paar Sekunden an, um den Wind und die Sonne auf meinem Gesicht zu spüren. Dann flüstere ich: »Ich bin dankbar für alles, was ich habe.«

In *Manifestiere!* gehe ich darauf ein, wie wichtig es ist, statt »Ich muss« »Ich darf« zu sagen, und das erscheint mir jetzt noch wichtiger. Wir dürfen hier sein, wir dürfen unser Leben genießen, wir dürfen älter werden, dürfen Erinnerungen sammeln und dürfen leben. Machen wir also das Beste aus diesem kostbaren Leben, aus dieser einen Chance. Nutze sie!

Übung

Ich lade dich ein, in der nächsten Woche drei wunderbar gewöhnliche und alltägliche Dinge, für die du sehr dankbar bist, hier zu notieren. Konzentriere dich darauf, in diesen Momenten achtsam zu sein, indem du ein mentales Foto machst, dich diesen Dingen ganz zuwendest und spürst, wie sich deine Schwingung verändert. Um zu dieser Seite zu gelangen, kannst du eine Ecke umknicken oder ein Lesezeichen einlegen.

1. Tag

1. ....
2. ....
3. ....

2. Tag

1. ....

2. ....
3. ....

3. Tag

1. ....
2. ....
3. ....

4. Tag

1. ....
2. ....
3. ....

5. Tag

1. ....
2. ....
3. ....

6. Tag

1. ....
2. ....
3. ....

7. Tag

1. ....
2. ....
3. ....

Beim Manifestieren geht es nicht nur darum, Dinge in unser Leben zu ziehen, sondern das Beste aus dem Leben zu machen, das wir bereits haben.

ERHÖHE DEINE SCHWINGUNG INNERHALB VON ZWEI MINUTEN

Wiederhole diese Mantren laut oder in Gedanken:

Ich verdiene die ganze Fülle des Universums.
Ich bin bereit, in mein Licht zu treten und mein grenzenloses Potenzial zu entfalten.
Ich freue mich auf alle Möglichkeiten, die jeder neue Tag mit sich bringt.
Ich bin dankbar für alles, was ich bereits habe.

SCHRITT 6

VERWANDLE NEID IN INSPIRATION

»Vergleiche berauben uns der Freude.«

THEODORE ROOSEVELT

ÜBERBLICK

- Neid ist eine niedrig schwingende Emotion, die aus einer Haltung des Mangels entsteht.
- Inspiration ist ein hoch schwingendes Gefühl, das aus einer Überflusshaltung entsteht.
- Anstatt unsere Neidgefühle anzunehmen, verleugnen wir sie meist und vergraben sie tief in uns.
- Inspiration ist das genaue Gegenteil von Neid.
- Mach dir deine Neidgefühle bewusst, leg deine Selbstverurteilung ab, lerne daraus und verwandle Neid in Inspiration.

Ich finde, Neid ist ein faszinierendes Gefühl. Er überfällt uns mit voller Wucht und bringt eine ganze Reihe anderer Emotionen mit sich: Traurigkeit, Angst, Wut, Verbitterung, Scham und Schuldgefühle. Kein Wunder, dass die meisten Menschen diese Gefühle lieber verdrängen, verleugnen oder sich schwer damit tun. Aber wir müssen sie verarbeiten. Wir müssen lernen, sie zuzulassen und mit ihnen umzugehen, damit sie nicht unsere Schwingung beeinträchtigen und sich negativ auf unseren Manifestationsprozess auswirken.

Der erste Schritt besteht einfach darin, sich der Neidgefühle bewusst zu werden und sie zu akzeptieren. Wenn du Neid empfindest, solltest du ihn dir eingestehen, *ohne dich dafür zu verurteilen.* Wenn du zum Beispiel neidisch auf deine Kollegin bist, die befördert wurde, oder auf deine Freundin, die in ihrer neuen Beziehung sehr glücklich zu sein scheint, oder auf jemanden aus deinem Instagram-Feed, der im Urlaub ist, dann sag zu dir selbst: »Darauf bin ich neidisch.« Oder: »Es macht mich neidisch, das zu sehen oder zu hören.« Wir nehmen uns selbst an, indem wir unsere Gefühle ausdrücken, und danach können wir sie verstehen, akzeptieren, verarbeiten und loslassen.

Denk daran, dass Neid im Wesentlichen ein Ausdruck von Angst ist. Im Kapitel »Schritt 2: Lass Ängste und Zweifel hinter dir« erkläre ich, wie wichtig es ist, die Verletzung und nicht das Symptom zu heilen, und das gilt auch für diesen Schritt. **Neid ist das Symptom – Angst ist die Verletzung.** Angst entsteht durch Unsicherheit, Zweifel und ein geringes Selbstwertgefühl. Damit meine ich die Angst, etwas nicht zu verdienen oder nicht das zu bekommen, was andere haben. Deshalb ist Neid der perfekte Hinweis darauf, was in uns noch geheilt werden muss. Um zu manifestieren, was wir uns wünschen, müssen wir uns unsere Neidgefühle vergegenwärtigen. Nur wenn wir sie akzeptieren und annehmen, können wir herausfinden, wo unsere Blockaden (unsere Ängste und Zweifel) liegen.

Unterdrückter Neid ist tückisch, weil wir ihn durch unsere Urteile weitergeben. Wie oft hast du schon über andere geurteilt oder sie kritisiert? Könnte Angst oder ein Gefühl des Mangels der Grund dafür sein? Angenommen, du kritisierst jemanden dafür, wie er sich in den sozialen Medien präsentiert.

Vielleicht hat das mit deiner Angst zu tun, im Netz nicht authentisch genug zu sein?

Überleg mal: Wie oft halten wir eine Person mit ausgeprägtem Selbstbewusstsein für arrogant oder eingebildet? Woher kommt dieses fast reflexartige Urteil? Es entspricht ganz und gar nicht der Realität, denn Selbstbewusstsein hat nichts mit Arroganz zu tun. Nein, dieses vernichtende Urteil beruht auf einer nicht geheilten Verletzung, die Neidgefühle triggert – Neid auf das Selbstbewusstsein der anderen Person, von dem wir selbst gern mehr hätten. Was würde ein wirklich selbstbewusster Mensch denken, wenn er einem anderen selbstbewussten Menschen begegnet? Er würde sich nicht bedroht fühlen, sondern es wohlwollend zur Kenntnis nehmen, respektieren und sich davon inspirieren lassen.

Andere Menschen zu verurteilen und sie zu kritisieren ist niedrig schwingend. Wir alle müssen endlich damit aufhören, andere niederzumachen, **und Verantwortung dafür übernehmen, wie wir andere wahrnehmen.** Wenn wir mit einer Person nicht klarkommen oder anderer Meinung sind, können wir uns einfach neutral verhalten. Das ist in Ordnung. Unfreundliches, kritisches oder voreingenommenes Verhalten dagegen ist Ausdruck unserer Ängste und Zweifel und hindert uns daran, Fülle zu manifestieren.

Aber wie können wir die Verletzung heilen, aus der unser Neid entstanden ist, nachdem wir ihn erkannt und akzeptiert haben? Erstens können wir uns selbst Mitgefühl entgegenbringen und einen sicheren Raum schaffen, in dem wir unser Gefühl zum Ausdruck bringen. Zweitens können wir uns selbst das geben, was wir vermissen. Nehmen wir an, du bist neidisch oder kritisch gegenüber Menschen, die sich gern auffällig kleiden. Das könntest du als Hinweis nehmen, dass du dich selbst gern selbstbewusster und authentischer zeigen würdest. Um dieses Selbstbewusstsein zu aktivieren, könntest du dir zum Beispiel ein kleines Accessoire zulegen, das deine Persönlichkeit unterstreicht. Oder du erkennst, dass hinter der Kritik an deiner Freundin, die sich ständig verabredet, dein einschränkender Glaubenssatz steckt, dass du es nicht verdienst, beachtet oder respektiert zu werden. Durch ein tägliches Ritual der Selbstliebe könntest du dir diese Liebe selbst schenken und sie entwickeln.

Anstatt uns für unsere Neidgefühle zu verurteilen oder sie zu verleugnen, können wir sie für unsere Manifestationsreise nutzen. Neid kann uns zeigen, woran wir noch arbeiten müssen, um Fülle zu manifestieren.

Übung

Die hier aufgeführten Fragen sollen dir bei der Auseinandersetzung mit deinem Neid helfen, um ihn zu heilen und loszulassen. Diese Arbeit verlangt von dir, dass du verletzlich, offen und ehrlich zu dir selbst bist. Nimm dich vor deinem Ego in Acht. Es wird versuchen, sich einzumischen und dich daran hindern, dir deine tiefsten Ängste und Unsicherheiten einzugestehen. Lass das nicht zu. Sie müssen offengelegt werden. Verurteile dich nicht für das, was du fühlst oder erlebst.

1. Wem oder was gegenüber empfindest du Neid?

....

....

2. In welcher Situation hast du deinen Neid als Urteil oder Kritik an einer anderen Person getarnt?

....

....

3. Welche anderen Gefühle hast du in Verbindung mit Neid?

....

....

4. Welche Verletzung steckt hinter deinem Neid?

....

....

5. Was verrät dir der Neid über dich selbst?

....

....

6. Wie könntest du mitfühlend auf diese Verletzung reagieren?

....

....

7. Was kannst du tun, um deinen Neid zu heilen?

....

....

Neid ist ein niedrig schwingendes Gefühl und das Gegenteil von Inspiration. Während Neid ein Ausdruck von Mangeldenken ist, entspricht Inspiration einer Überflusshaltung. Die Verwandlung von Neid in Inspiration führt dich aus einer niedrigen in eine hohe Schwingung und durch das Gesetz der Anziehung ziehst du mehr Fülle in dein Leben. Wie bei vielen anderen Übungen in diesem Buch kannst du auch hier dein Gehirn trainieren. Am Anfang steht deine Entscheidung, dir deiner Neidgefühle bewusst zu werden und deine neidischen Gedanken aktiv durch inspirierte Gedanken zu ersetzen. Anstatt zu denken: »Ich kann nicht verstehen, dass ausgerechnet sie befördert wurde, sie hat es doch gar nicht verdient«, könntest du denken: »Ich freue mich mit ihr über ihren Erfolg; ich bin gespannt, wie ich mich fühlen werde, wenn ich ebenfalls befördert werde.«

Übe diese Transformation jedes Mal, wenn du Neid empfindest, und du wirst dich viel besser fühlen. Dein Unterbewusstsein glaubt alles, was du sagst. Denk also etwas Inspirierendes, auch wenn es noch nicht ganz der Wahrheit entspricht.

Übung

Schreib hier auf, welche fünf Personen dich inspirieren und aus welchem Grund. **Überleg dir, welche ihrer Eigenschaften du ebenfalls entwickeln möchtest.**

1. ....
2. ....

3. ....
4. ....
5. ....

LASS UNS ANDERE FEIERN

Mit allem, was du tust, um andere zu feiern, demonstrierst du eine hoch schwingende unterstützende und großzügige Haltung. Das zeigt dem Universum, dass du dich vom Erfolg anderer nicht bedroht fühlst, weil du darauf vertraust, dass es genug Liebe, Glück und Erfolg für alle gibt. Wenn du an die Fülle des Universums glaubst, wirst du auch Fülle erhalten.

Ich möchte eine persönliche Geschichte mit dir teilen, die das für mich perfekt veranschaulicht. Auf der Suche nach Storys aus meinem allerersten Workshop zum Thema Selbstliebe habe ich auf Instagram mein Archiv von November 2019 durchforstet. Dabei stieß ich auf eine Story, in der ich meine Freundin Tori feierte, die während des Lockdowns die Kristallarmband-Marke »TBalance« gegründet hat. Tori hatte auf ihren Kanälen ein Foto des Supermodels Bella Hadid gepostet, das eins ihrer Armbänder trug. Ich mag Bella Hadid schon seit vielen Jahren. Ich finde sie nicht nur atemberaubend schön, sondern sie ist auch eine überzeugte Verfechterin der psychischen Gesundheit. Es beeindruckt mich, wie authentisch und leidenschaftlich sie für ihre Überzeugungen eintritt. Ich weiß noch genau, wie sehr ich mich für Tori gefreut habe, als ich das Bild entdeckte. Ich teilte es auf meinem

Instagram-Kanal und schrieb dazu: »Ich bin unglaublich stolz auf die wunderbaren und seelenvollen @tbalance_crystals. Mein Mode-Idol @bellahadid trägt das gleiche Armband wie ich jeden Tag. Es sind einfach wunderschöne Stücke. Schaut euch die Website an.« Ich fühlte mich durch den Erfolg meiner Freundin nicht bedroht, sondern inspiriert. Und ich feierte ihn. Zwei Jahre später präsentierte das Supermodel Bella Hadid auf einem Foto vor ihrer New Yorker Wohnungstür stolz mein orangefarbenes Buch *Manifestiere!*, um es der ganzen Welt zu zeigen. Im Ernst – wie wahrscheinlich ist es, dass so etwas passiert? Ich spürte, dass dies ein Geschenk des Universums war, eine Belohnung für meine hoch schwingende Unterstützung und das Lob für eine andere Frau.

Ich möchte dich ermutigen, die Erfolge anderer aktiv zu feiern, indem du in den sozialen Medien darüber schreibst; ihnen eine SMS oder eine E-Mail schickst, um ihnen mitzuteilen, wie stolz du auf sie bist und wie sehr sie dich inspirieren; oder indem du einfach einen Kommentar unter ihrem Beitrag hinterlässt, wenn sie das nächste Mal etwas teilen, auf das sie stolz sind. **Lasst uns anfangen, uns gegenseitig zu erhöhen und unsere kollektive Schwingung zu steigern.**

DAS STÄNDIGE VERGLEICHEN

Wir leben in einer **Kultur des Vergleichens.** Die sozialen Medien und Dating-Apps sind zu einem wichtigen Bestandteil unseres Lebens geworden und wir sollten ihren Einfluss auf unser Selbstwertgefühl nicht unterschätzen. Die unendlichen Vergleichsmöglichkeiten stupsen unsere einschränkenden Glaubenssätze und Unsicherheiten pausenlos an und verstärken sie noch. Wir vergleichen uns in Bezug auf Outfit, Job, Freundschaften, Aussehen, Beziehungen und unsere finanzielle Lage mit den perfekt inszenierten Profilen unseres Feeds und wundern uns, wie schwer es uns fällt, das wertzuschätzen, was wir bereits haben. Anscheinend haben wir die merkwürdige Tendenz, alles für bare Münze zu halten, wie andere sich und ihr gesamtes Leben in den sozialen Medien darstellen, während wir selbst viele Details gar nicht erst der Öffentlichkeit preisgeben. Wir vergessen allzu leicht, dass hinter jedem Bild eine Geschichte von Kampf, harter Arbeit oder Entbehrung steckt. Wir sehen nur die wenigen Seiten eines Menschen, die er uns auf seinem Instagram-Profil präsentiert. Und das Gehirn füllt die Lücken auf, erzeugt ein Idealbild dieser Person und dann vergleichen wir diese konstruierte Realität mit unserem eigenen Leben.

Aber natürlich vergleichen wir uns nicht nur in den sozialen Medien mit anderen. Wir vergleichen uns mit Freunden, Geschwistern und Gleichaltrigen. Wir vergleichen uns sogar mit Prominenten. Ich erinnere mich, wie ich mit fünfundzwanzig Jahren dachte, absolut nichts vorzuweisen zu haben. Ich sah Taylor Swift auf der Bühne im Hyde Park, war völlig fasziniert von ihrem Auftritt und ihrem Erfolg und konnte kaum glauben, dass sie gleich alt war wie ich.

Vergleiche wecken Neid und behindern deine Manifestationen. Er triggert einschränkende Glaubenssätze, ein geringes

Selbstwertgefühl und nicht geheilte Selbstzweifel. **Der ständige Vergleich mit anderen lenkt dich von deinen Zielen ab und raubt dir wertvolle Zeit und Energie.**

Um die beste Version deines zukünftigen Selbst zu sein und dein bestes Leben zu manifestieren, solltest du auf deinem Weg bleiben und den Fokus wie einen präzisen Laserstrahl auf deine eigene Reise richten. Stell dir vor, du nimmst an einem 400-Meter-Sprint teil. Wenn du ständig zu deinen Mitbewerbern hinüberschaust, kommst du ins Stolpern, verlierst Zeit und fällst zurück. Um beim Sprint die beste Zeit zu erzielen, musst du die Ziellinie im Auge behalten und darfst nicht den Hauch einer Sekunde nach links oder rechts schauen.

In einem meiner Workshops meldete sich eine Dame zu Wort, die ihr eigenes Bettwarenunternehmen gründen wollte. Sorgenvoll berichtete sie, dass der Markt bereits gesättigt sei, und befürchtete, keinen Erfolg zu haben, weil ihr Angebot vielleicht nicht mithalten könnte. Ich antwortete: »Die Tatsache, dass der Markt gesättigt ist, zeigt doch, dass es eine hohe Nachfrage nach diesen Produkten gibt. Nimm das als gutes Zeichen. Konzentrier dich nicht darauf, dich mit anderen Wettbewerbern zu vergleichen, sondern entwickle ein Alleinstellungsmerkmal, um deine Marke von anderen abzugrenzen und sie authentisch und einzigartig zu machen.«

Kurze Zeit später ging es mir ganz genauso: Ich durchstöberte die Social-Media-Kanäle von bekannten Coaches und Rednern, die ich bewundere, und mir fiel auf, dass die meisten ihrer Posts auf ihre Message hin ausgerichtet waren. Ich fand nur wenig über ihr Privatleben oder ihren Lebensstil, stattdessen sehr viele inspirierende Inhalte und Tipps zur Selbstentwicklung, außerdem Reden und Videos. Daraufhin verglich ich meine Seite mit ihren und dachte: »Oh nein, das ist viel zu persönlich. Ich erzähle so viel über Lifestyle, Mode und Hautpflege. Schränkt das meine Glaubwürdigkeit ein? Nimmt man mich weniger ernst als Manifestationsexpertin oder als Coach für Selbstentwicklung? Vielleicht sollte ich meine Posts ändern?« Ich musste mich selbst wieder daran erinnern, dass ich nicht wie alle anderen sein wollte, sondern ganz ich selbst, und dass das völlig ausreicht. Außerdem teile ich mein Leben sehr gern mit anderen. Ich möchte nicht darauf verzichten und hoffe, dass ich auf diese Weise zeigen kann, dass sich Selbstentwicklung und Mode, Wellness, Populärkultur, Reisen und Hautpflege nicht gegenseitig ausschließen. Wir alle kennen das Gefühl, dass Vergleiche Selbstzweifel auslösen, aber wir können entscheiden, ob sie Neid schüren oder uns eine weitaus kraftvollere Perspektive eröffnen.

Wir vergleichen uns sehr schnell mit anderen, aber wann vergleichen wir jemals die Personen miteinander, die uns am nächsten stehen? Oder die Menschen, die du weiter oben erwähnt hast, weil sie dich inspirieren? Hast du schon mal gedacht: »Ich mag meine beste Freundin wirklich sehr, aber sie ist nicht so offen wie meine andere Freundin. Soll ich sie deshalb weniger respektieren oder mögen«? Nein, natürlich nicht, das wäre doch absurd. Du magst sie wegen ihrer wunderbaren Einzigartigkeit, wegen ihrer Eigenheiten, einfach, weil sie so ist, wie sie ist, egal ob sie gute oder schlechte Laune hat. So solltest du auch über dich selbst denken.

Tatsache ist, dass es dir egal sein kann, was andere tun. Du solltest nur vergleichen, wer du heute bist, wer du gestern warst und wer du morgen sein willst. Es geht nicht darum, wie jemand anderes zu sein, sondern dein bestes Selbst zu sein. Entfalte deine magnetische Authentizität, und du wirst Menschen und Dinge anziehen, die wirklich zu dir passen.

SCHRITT 7

VERTRAU DEM UNIVERSUM

»Ich jage nichts hinterher, ich ziehe es an.«

UNBEKANNT

ÜBERBLICK

- Vertrauen ins Universum bedeutet, zu wissen, was du willst, und unerschütterlich daran zu glauben, dass es sich in deinem Leben manifestieren wird.
- Dieses Vertrauen kann man als »wissendes Fühlen« bezeichnen. Damit meine ich die Gewissheit, dass etwas passieren wird, auch wenn du nicht weißt, wie.
- Dieser unerschütterliche Glaube ist magnetisch.
- Manifestieren hat nichts mit Kontrolle zu tun, sondern mit Hingabe.
- Warte nicht und sei nicht ungeduldig, sondern vertrau dem göttlichen Timing.
- Vertrauen ist der Klebstoff, der alle Schritte des Manifestierens miteinander verbindet.

Wenn wir das, was wir manifestieren wollen, wirklich in unser Leben bringen wollen, dürfen wir weder Zweifel noch Unsicherheit zulassen. Wir müssen nur unserem unerschütterlichen Glauben und unserem magnetischen Vertrauen in das Universum erlauben, unsere Manifestationskraft zu stärken.

Wir können dieses Vertrauen zum Beispiel entwickeln, indem wir erkennen und akzeptieren, dass wir alle schon unser ganzes Leben lang auf die eine oder andere Weise manifestiert haben. All unsere Erfahrungen wurden durch unsere Art zu denken, zu handeln und unser Verhalten geprägt. Es gab Zeiten, in denen du unbewusst die sieben Schritte des Manifestierens praktiziert und Fülle in dein Leben gezogen hast, und es gab Zeiten, in denen du schlecht gelaunt aufgewacht bist und den Kaffee verschüttet hast.

Übung

Ich bitte dich, zurückzudenken und dich an Situationen zu erinnern, in denen du unbewusst manifestiert hast. Vielleicht wusstest du ganz sicher, dass du diesen einen Job bekommen wirst. Oder du hast an eine frühere Freundin gedacht und sie am nächsten Tag getroffen. Oder du hast irgendwann mal gesagt: »Das ist ja ein unglaublicher Zufall«, und erst dabei merkst du, dass es gar kein Zufall war, sondern dass das Universum auf dich reagiert hat – es war also eine unbewusste Manifestation. Überleg dir so viele Beispiele wie möglich.

Situationen, in denen ich unbewusst manifestiert habe:

....

....

....

....

....

....

....

....

....

....

....

....

Lass beim Durchlesen deiner Notizen den Glauben und das Vertrauen in das Universum wachsen. Durch deine Erfahrungen wirst du erkennen, dass es immer zuhört, beobachtet und auf dein Handeln reagiert.

HINGABE

Hingabe ist ein äußerst wichtiger Teil dieses Schrittes und des gesamten Manifestationsprozesses. Hingabe bedeutet, die Kontrolle loszulassen und alles geschehen zu lassen, wie es geschehen soll. Es ist das Gegenteil davon, etwas erzwingen oder verzweifelt haben zu wollen. **Für mich hat Hingabe eine hohe Schwingung, während Kontrolle niedrig schwingend ist.** Ich sehe es so: Wenn man genervt ins Auto steigt und versucht, mit zu viel Schwung den Sicherheitsgurt anzulegen, dann blockiert er. Man muss sich entspannen, den Gurt sanft nach vorn ziehen, langsam und mit wenig Krafteinsatz, und dann kann man ihn ins Gurtschloss stecken. Genauso ist das beim Manifestieren. Je mehr wir versuchen, etwas zu erzwingen, desto mehr stören wir den

Energiefluss. Wir stören das göttliche Timing und verlieren das hoch schwingende Vertrauen und den Glauben, der uns letztendlich zu unserem Ziel führen wird.

Wie können wir Hingabe lernen? Wade und ich üben das jeden Tag und sprechen über diese Frage, denn sie steht im Mittelpunkt von Wades Selbstentwicklung. Für ihn war der Prozess, Hingabe zu lernen, eine der zutiefst transformierenden Erfahrungen seines Lebens.

Auf meine Frage, wem oder was er sich hingebe, antwortete er: »**Ich gebe mich dem hin, was ist.** Je mehr ich mich dem gegenwärtigen Moment hingebe, desto mehr inneren Frieden empfinde ich. Im Zusammenhang mit Hingabe denke ich oft an eine der vier edlen Wahrheiten von Buddha, die eine Ursache des Leidens in unserer Gier ausmacht. Ich interpretiere das so, dass ich mir immer selbst eine Enttäuschung bereite, wenn ich etwas Bestimmtes erwarte oder eine feste Vorstellung von etwas habe. Denn natürlich entwickelt sich das Leben nicht so, wie ich es erwarte. Ich habe eine tolle Aussage von Russell Brand gefunden, der sagt, dass Erwartung nur ein anderes Wort für Fantasie ist. Deshalb versuche ich jetzt, mir darüber bewusst zu werden, wenn ich wieder mal fantasiere, wie die Dinge sein sollten, und dann alles ganz entspannt laufen zu lassen. Ich konzentriere meine Energie darauf, ganz präsent im gegenwärtigen Moment zu sein. Je öfter ich das tue, desto besser kann ich dem Universum vertrauen. Ich lasse den Gedanken los, dass sich das Leben in eine bestimmte Richtung entwickeln muss, und versuche einfach zu akzeptieren, was ist. Das entfernt mich nicht von meinem Ziel, sondern bringt mich ihm näher. Und es bewirkt, dass mein Weg dorthin mit viel größerer Freude erfüllt ist. Das Loslassen meiner Erwartungen an das Leben hat zur Folge, dass ich innerlich im Frieden bin, egal was passiert. Das Leben ist wie ein Fluss. Anstatt jede Biegung zu kontrollieren, solltest du den Fluss deiner Reise akzeptieren und dem Universum dafür danken, dass es dir den Weg zeigt.«

Beginn jeden Tag damit, dich in Hingabe zu üben, und zeig dem Universum dein unerschütterliches Vertrauen, indem du dich entspannst und das akzeptierst, was ist. Der erste Schritt besteht darin, dir deiner Erwartungen ganz präzise bewusst zu werden. Solltest du dich wieder einmal dabei ertappen, dir eine Geschichte darüber auszudenken, wie etwas sein sollte, dann halte inne, atme tief durch und lass sie los. Das gilt auch, wenn du enttäuscht oder wütend bist, weil etwas anders gelaufen ist, als du es dir vorgestellt hast. Nimm dir Zeit, akzeptiere, was ist, atme tief durch und gib dich dieser Erfahrung hin. Ein wunderbarer Nebeneffekt dieser Form der Hingabe ist, dass du die hoch schwingende Haltung der Dankbarkeit entwickelst, weil dein Fokus auf dem liegt, was du hast *(was ist)*, und nicht auf dem, was dir fehlt *(was nicht ist)*.

> WENN ICH UNTERSTÜTZUNG BRAUCHE, UM MICH HINZUGEBEN, SPRECHE ICH FOLGENDES MANTRA: »ICH ERLAUBE DEN DINGEN, SICH SO ZU ENTWICKELN, WIE SIE SOLLEN, OHNE ERWARTUNGEN.«

Ob wir uns dessen bewusst sind oder nicht: Wir alle sind geprägt von unseren Wünschen und Erwartungen, nach denen wir unser Leben ausrichten. Wir wissen ganz genau, wie sich unsere Partnerinnen und Freunde verhalten sollen, wie unsere berufliche Laufbahn aussehen soll und wie wir von anderen wahrgenommen werden wollen. Denk mal darüber nach: Du hast bestimmt schon »ernste Gespräche« mit deiner Partnerin oder deinem Partner oder mit einer Kollegin oder einem Kollegen geführt. Wie oft hast du dir vorher vorgestellt, wie das Gespräch ablaufen würde, was du sagen würdest und wie sie oder er darauf reagieren würde? Überleg dir, wie oft solche Gespräche dann *tatsächlich* so verlaufen sind, wie du es dir vorgestellt hast.

Genauso verhält es sich mit der Manifestationsreise, zum Beispiel, um deinen Traumjob zu finden. Du weißt genau, welchen Job du haben willst, du glaubst, dass du ihn verdienst, und denkst, dass du die anderen Schritte schon gemacht hast. Und tief in deinem Inneren weißt du auch schon ganz genau, *wie* das Ganze ablaufen soll: Auf dem Weg zu deinem Traumjob willst du dich nicht mit zu vielen Vorstellungsgesprächen oder Absagen herumschlagen, du willst nicht auf dein Partyleben verzichten und schon gar nicht zu lange auf das Jobangebot warten. **All diese Wünsche und Erwartungen zeigen dem Universum nur, dass du nicht bereit bist, die Kontrolle abzugeben.** Wenn der Weg zu deiner Manifestation nicht so verläuft, wie du es dir vorgestellt hast, verlierst du das Vertrauen, und es ist sehr wahrscheinlich, dass du deine Ziele ganz aufgibst.

Wenn du nicht bereit bist, dich wirklich hinzugeben, signalisierst du dem Universum, dass du immer noch von deinen Ängsten und Zweifeln eingeschränkt wirst.

Die ständige Erwartung, wie sich deine Zukunft entwickeln soll, hindert dich daran, das zu akzeptieren, was ist. Durch die Enttäuschung darüber, dass unsere Erwartungen nicht erfüllt werden, verpassen wir viele wunderbare Erfahrungen. Ein Beispiel: Im Urlaub regnet es, obwohl wir jeden Tag Sonnenschein erwartet hatten. Wenn wir uns darüber ärgern, nehmen wir uns selbst die Freude daran, unbelastet vom Arbeitsstress an einem anderen Ort zu sein. Wir müssen akzeptieren, was ist, damit wir das Leben umarmen, uns unserer Erfahrungen bewusst werden und mit mehr Leichtigkeit auf den Wellen des Lebens reiten können.

Um dem Universum wirklich zu vertrauen, müssen wir bereit sein, unsere Vorstellungen, was und wie wir es gern hätten, loszulassen. Wir müssen unerschütterlich darauf vertrauen, dass das, was wir manifestieren wollen, zu uns kommen wird, und uns gleichzeitig dem Weg dorthin hingeben.

Der Gedanke der Hingabe mag für manche immer noch im Widerspruch zur proaktiven Seite des Manifestierens stehen. Zur Verdeutlichung: **Beim Manifestieren kommt es darauf an, dass du weißt, was du willst, und es dann loslässt.** Es wird nicht von dir verlangt und es ist auch gar nicht notwendig, dass du dich tagtäglich auf deine Ziele fokussierst, denn sobald du dein Vision Board erstellt und regelmäßig Visualisierungsmeditationen durchgeführt hast, wird sich dein Unterbewusstsein an die Arbeit machen und dich zu deinem Ziel führen. **Viel wichtiger ist es, dein Verhalten jeden Tag neu auf deine Zukunft auszurichten**, an deiner inneren Heilung zu arbeiten, Selbstliebe zu praktizieren, dankbar zu sein und die beste Version deiner selbst zu werden. Das ist es, worauf du deine Aufmerksamkeit richten solltest, nicht darauf, *wie* es geschehen wird.

Hingabe kann dich bei fast jedem Schritt auf deiner Manifestationsreise unterstützen. In Schritt 1: »Entwickle eine klare Vision« müssen wir uns unendlich vielen Möglichkeiten hingeben, um herauszufinden, wie unser Leben sein soll. Wir dürfen nicht darüber nachdenken, wie das geschehen kann oder wie realistisch das ist, was wir wollen. **Nein, wir müssen alle Zweifel ablegen und wagen zu träumen.** In Schritt 2: »Lass Ängste und Zweifel hinter dir« müssen wir uns unserer Heilungsreise hingeben. Es ist wichtig, darauf zu vertrauen, dass wir unsere Blockaden lösen und uns die Fülle des Universums erschließen können, wenn wir uns den Raum und die Zeit geben, offen und verletzlich mit den Traumata der Vergangenheit umzugehen. In Schritt 3: »Richte dein Verhalten neu aus« müssen wir uns ganz uns selbst hingeben, indem wir unsere Komfortzone verlassen und bedenkenlos die Risiken eingehen, die notwendig sind, um die nächste Stufe zu erreichen. In Schritt 4: »Meistere die Prüfungen des Universums« ist unsere völlige Hingabe verlangt, denn wir müssen akzeptieren, dass alles, was nicht eingetreten ist, nicht für uns vorgesehen war. Wir müssen darauf vertrauen, dass es in Wirklichkeit auch Teil des großen Ganzen ist, wenn etwas scheinbar zusammenbricht. Hingabe ist auch erforderlich, wenn wir alles loslassen, was uns nicht mehr dient. In Schritt 5: »Sei dankbar (ohne Vorbehalte)« müssen wir uns dem gegenwärtigen Moment hingeben, um alles, was wir bereits haben, würdigen zu können und in das hoch schwingende Gefühl der Wertschätzung einzutauchen. In Schritt 6: »Verwandle Neid in Inspiration« geht es darum, unsere Neigung zum ständigen Vergleichen aufzugeben und Vertrauen zu haben, dass wir auf unserem Weg bleiben und unser Ziel erreichen werden. Und in Schritt 7: »Vertrau dem Universum« dürfen wir uns der Entfaltung unseres Lebens hingeben.

NACHWORT

Manifestieren: etwas in Gang setzen

Meine Antwort auf die oft gestellte Frage, was Manifestieren ist, lautet: **Manifestieren ist die Fähigkeit, die Kraft deiner Gedanken zu nutzen, um deine Realität zu verändern und sie neu zu erschaffen. Es ist eine Methode der Selbstentwicklung, nach der du dein Leben ausrichten solltest.** Manifestieren ist für mich wie das Dach der Selbstentwicklung, unter dem sich alle Methoden der Selbsthilfe und der inneren Heilung versammeln.

Deshalb bin ich überzeugt, dass Manifestieren das Leben jedes Menschen, der diese Methode anwendet, positiv beeinflussen und verändern kann. Es ist keine mystische, undurchschaubare Angelegenheit, wie manche Leute denken. Es ist mehr als nur positives Denken oder das Visualisieren von Wünschen. Es geht nicht darum, immer noch mehr haben zu wollen. Es ist kein Ritual, das man zwanzig Minuten am Tag macht. **Manifestieren ist eine Lebenseinstellung mit dem Ziel, die kraftvollste, magnetischste und selbstbewussteste**

Version deiner selbst zu werden, um dein Leben dauerhaft zum Besten zu verändern. Es hat nichts mit Magie zu tun, aber die Ergebnisse fühlen sich magisch an.

Vergiss nicht, dass wir die Schritte der Manifestationsreise nicht nacheinander machen, sondern gleichzeitig. Die Schritte ergänzen und verstärken sich gegenseitig. Mach sie zu einem Wegweiser für dich und die Gestaltung deines Lebens.

DEIN BESTES LEBEN WARTET AUF DICH

Wenn du eine ganz klare Vorstellung von der Person hast, die du sein willst, und proaktiv daran arbeitest, deine Träume zu verwirklichen, indem du Risiken eingehst, deine Komfortzone verlässt, dich auf deine Heilungsreise begibst und bei allem, was du tust, Selbstliebe praktizierst, solltest du nicht mehr daran zweifeln, dass dein bestes Leben auf dich wartet. Gib dem Zweifel keinen Raum, wenn du über deine Zukunft sprichst. Es gibt kein »Wenn …«, sondern nur ein »Sobald …«. Bleib nicht stehen, bis du dein Ziel erreicht hast. Wenn sich eine Tür schließt, öffnet sich eine andere. Jemand, der mir sehr am Herzen liegt, hat mir immer gesagt: »Es gibt tausend Wege zum Ziel.« Damit ist gemeint, dass man eine andere Richtung einschlagen sollte, wenn es beim ersten Versuch nicht klappt oder ein eingeschlagener Weg nicht zum Ziel führt. Gib dich nie mit weniger zufrieden, als du verdienst und als du wirklich willst.

Ich lebe und atme diese sieben Schritte. Sie fließen in alles ein, was ich tue, und sie ermöglichen mir ein Leben voller Zufriedenheit, Sinn, Freude und Fülle. Ich hoffe, dass du nach dem Lesen meiner Bücher verstehen kannst, wie grenzenlos du wirklich bist und wie viel Kraft du hast. Ich hoffe, dass du begonnen hast, dein authentisches Selbst zu entdecken und die Verletzungen zu heilen, die das Leben dir zugefügt hat. Ich hoffe, dass du wirklich von dieser Wahrheit überzeugt bist: Du bist genug, du warst immer genug und du verdienst ein Leben, für das du jeden Tag mit Freude aufstehst. Du verdienst all das Glück, die Liebe, den Erfolg und die Fülle, die das Universum zu bieten hat. Was ich dir jetzt sagen möchte, hätte ich auch gern meinem jüngeren Ich gesagt:

Das Leben ist wunderbar und du hast es in der Hand, es in diesem Sinne zu gestalten.

DANK

An Wolfe
Danke für die unendliche Liebe und Freude, die du mir gebracht hast. Es ist für mich die größte Ehre, deine Mutter zu sein.

An Paula
Danke, dass du in meinen dunkelsten Zeiten für mich da warst und auch dafür, dass du in den besten Zeiten mit mir gefeiert hast. *Delo face forever.*

An Simon & Andrew
Danke für eure unendliche Liebe und Unterstützung und dass ihr mit an Bord seid.

Dank an alle
Ich danke euch von ganzem Herzen, dass ihr mich an eurer Reise teilhaben lasst, dass ihr meinen sieben Schritten vertraut und die Kraft des Manifestierens mit anderen teilt. Ich bin unendlich dankbar und stolz auf diese unglaubliche Community. Gemeinsam werden wir die Welt verändern. Ich liebe euch alle!

QUELLEN

S. 45: Brown, Brené: »Striving versus Self-Acceptance, Saving Marriages, and More (#409)«, The Tim Ferris Show, Podcast (online), abgerufen am: 6. Februar 2020.

S. 66: Solnit, Rebecca (2017): *Wenn Männer mir die Welt erklären*, München, btb

S. 93: Nin, Anaïs (1988): *Labyrinth des Minotaurus*, München, dtv

S. 110: Maraboli, Steve (2010): *Life, the Truth, and Being Free*, o. O.

REGISTER

NOTIZEN